ウィトゲンシュタインと「独我論」

黒崎 宏

keiso shobo

まえがき

人は、こう言いたいであろう。「私が、或るものを想像するとき、或いはまた、実際に何らかの対象を見るとき、私は確かに、私の隣人が持っていない或るものを持っているのである。」そして、自分の周りを見渡して、こうも言いたいであろう。「私だけがこれを持っているのである。」そして、ここにおける「これ」として、自分が見ている〈色〉、自分が感じている〈イタミ〉のみならず、自分が想像している〈想像〉、自分が持っている〈意志〉、等々、要するに自分の〈心的なもの〉すべてを考えるであろう。そうであるとすれば我々は、「何であれ、それが見られる（本当に見られる）とき、それを見る者は常に私である」と表現される独我論に、必然的に陥るのではないか。

また、経験は何であれ私の経験である。これは、疑い得ない事実である。私の経験を他人は経験する事が出来ない。そしてまた他人の経験は他人の経験であって、それを私は経験する事が出来ない。金輪際出来ない。そしてこれが、私は私であって他人ではない、という事にほかならない。しかしこの事を認めると、「世界は私の世界である」と表現される独我論に、必然的に陥るのではないのか。

しかし、心配はいらない。どちらの独我論も論駁され得るのである。この事を後期ウィトゲンシュタインの主著『哲学的探求』を手引きとして周到に示したのが、第I部である。第II部は、ウィトゲンシュタインに関わる話題を三つと、私の哲学的回想で構成されている。参考になれば幸いである。

こういう話がある。中国の宋時代の話である。或る時、道謙という禅僧が遠い所へ使いにやられる事になった。その使命を果たすにはどうしても半年はかかるので、これが修行の邪魔になりはしないかと、彼は非常に心配をしていた。ところがその友達に宗元というのがいて、気の毒に思って言った。

自分が一緒にこの旅に出掛けて、自分に出来ることは何でも君のためにやってやろう。そうすれば君は旅をつづけたとて、坐禅の邪魔になることもあるまい。

そして一緒に旅に出た。或る晩、道謙が宗元に尋ねた。

　何とか工夫がないものか、何か悟りの道が開けてくれる工夫がないものか。

そこで宗元はこう言った。

　自分は自分の出来る範囲で、何でもお前の助けになりたいと思うが、しかしここに五つのことがある。これはどうしてもお前自身でやらなくてはならないので、私は何の役にも立たない。

道謙は頼んだ。

　それでは、その五つのこととは何であるか、言ってみてくれないか。

こう頼まれて、宗元は言った。

　例えば、お前がお腹が空いたとか、喉が渇いたとかいう時には、いくらわしが食べても飲んでもお前の役には立たない。飲んだり食べたりするのはお前自身でやらなくてはならない。それからまた、大小便のため厠へ行きたいというようなことがあるとしても、そいつはわしでは到底役に立つべき理由はないであろう。それから最後にこのお前の身だ。それをひっさげてする道中は、お前自身の脚でやらなくてはならない。わしがお前のために歩くという訳にはゆかぬだろう。

この言葉が道謙の心に一条の光を与え、彼はいわゆる悟りを開いた。（鈴木大拙著『禅問答と悟り』（『鈴木大拙全集』第十三巻、岩波書店、一九六九）四二九―四三〇頁、但し一部変更。）

　まったくその通りである。そしてウィトゲンシュタインは、『哲学的探求』の序でこう言っている。

私は、私のこの本で、他の人々が考えないで済むようにさせたいとは思わない。人は本来、自分で考え自分で納得しなくてはならない。他人に納得してもらっても、何の益があろう。

第I部で私は、独我論から脱却する道を示した。どうかこの本を頼りに、自分で納得がゆくまで考えて欲しい。

巻末に示したように、以下の私の論攷にはいずれも初出がある。しかしそれらは、今回、かなり手が入れられた。それらは、もともとは、独立に書かれている。しかし、出来ることなら最初から順に読んで戴きたい。

なお、(p.〜) は外国語の本における頁であり、(〜頁) は日本語の本における頁である。鉤括弧［ ］は私の挿入である。また、節とか頁の後についているaとかbは、その節や頁に現れる段落を表わしている。aは最初の段落、bは次の段落、という訳である。

本書の出版を心よくお引き受け下さった勁草書房の富岡勝氏、および細心の注意を払って校正をして下さった土井美智子氏に、厚くお礼を申し上げる。

二〇〇二年二月一二日

黒崎　宏

ウィトゲンシュタインと「独我論」目次

II

I

第一章　序論――ウィトゲンシュタインと「独我論」――

1　はじめに

ウィトゲンシュタイン（一八八九―一九五一）の哲学は、前期・中期・後期・晩年に分ける事が出来る。それぞれにおける主な著作は、以下のようである。括弧内は、主な執筆時期を示している。

前期　『手稿一九一四―一九一六』（一九一四―一九一七）
『論理的‐哲学的論考』（略して『論考』）（一九一八）

中期　『哲学的考察』（一九二九―一九三〇）
　　　『哲学的文法』（一九三二―一九三四）
後期　『青色本』（一九三三―一九三四）
　　　『哲学的探求』（略して『探求』）（一九三六―一九四九）
　　　『断片』（一九四五―一九四九）
晩年　『確実性について』（一九四九―一九五一）

これらのうち、ウィトゲンシュタインの「独我論」批判という観点から検討すべきは、特に『論考』と『青色本』と『探求』である。

ウィトゲンシュタインは、『論考』においては、「ここにおいて人は、独我論は、厳格に遂行されると、純粋な実在論と一致する、という事を悟る」（5・64）とは言うものの、「独我論の自我は、大きさのない点へと収縮し、その自我に対応する実在が残るのである」（5・64）と言わざるを得なかった。即ち、彼が言うには、独我論は、厳格に遂行されると、純粋な実在論と一致するのであって、純粋な実在論になるのではない。独我論は、厳格に遂行されても、依然として独我論ではあるのである。何故なら、独我論の自我は、大きさのない点としてではあろうとも、依然として存在し続けるのであるから。

これに対し、言語（表現）の論理的先行性を主張する事によって存在としての自我を払拭し、言うなれば「無我」——心という〈もの〉の非在——を明確に提唱したのが『青色本』の前半（約58%の）部分であり、それに続く部分で、彼は独我論の無意味性を明らかにしようとするのである。

それでは、『探求』においてはどうか。『探求』において「独我論」批判に直接関係するのは、彼の「私的言語論」批判である。即ち、彼の有名な「私的言語は不可能である」という議論である。そしてその「私的言語論」批判に基づく「独我論」批判を具体的に展開するのが、本書の第二章本論である。

2　『論考』における「独我論」

『論考』においては、〈事実〉とそれを認識する〈思念〉とそれを外に表した〈命題〉は、同一の論理形式を有している。（図解Iを参照。）* とは言え、事実としては可能的事実であってもよい訳であり、そしてこの場合には、思念は想像になる。何れにせよ事実と思念は、あらゆる可能的事実をも含めて、同一の論理形式を持って対応しており、そしてその論理形式は、それらに対応する命題において示される。したがって、あらゆる可能的事実をも含めた意味での〈世界〉と、それに対応するところの、想像を含めた意味での〈思念〉——「広義の思念」——は、同一の命題によって表

図解 I

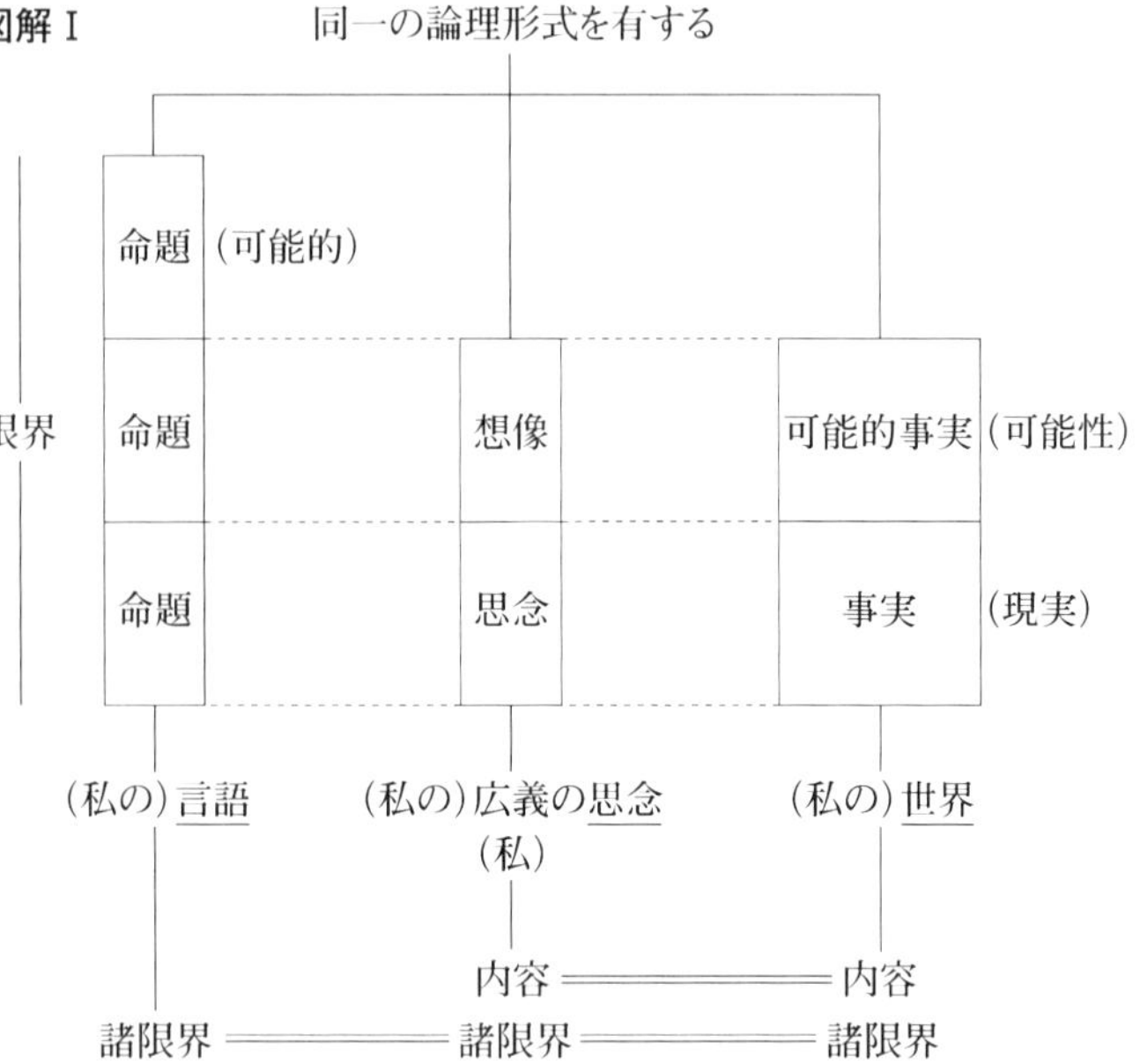

される事になる。それ故その意味で、〈世界〉とそれに対応する〈思念〉——「広義の思念」のこと、以下同じ——は同じ内容を有し、且つ、可能的命題を含めた意味での命題の全体が〈言語〉であるとすれば、同一の言語の範囲内にあって、その〈言語〉の限界を限界とし、その意味で同じ限界を有する事になる。即ち、〈世界〉と〈思念〉は、内容を同じくし、且つ、限界も同じくするのである。そしてその意味で、〈世界〉と〈思念〉は、完全に重なり合いながら動く事になる。ところで、〈思念〉は疑いも無く私の〈思念〉である。したがって、内容においても限界においても〈思念〉と完全に重なり合いながら動く〈世界〉もまた、

私の〈世界〉である事になる。そしてその意味で、世界は私の〈世界〉なのである。

＊『論考』2・17、2・181、3、3・315を参照。

さて、世界は私の〈世界〉である、と言うとき、その私の〈世界〉は、他人にも理解可能であろうか。それは、理解不可能なのである。何故なら、私の〈世界〉は私の〈言語〉で語られるのであるが、その私の〈言語〉は、私のみが理解する〈言語〉(die Sprache, die allein ich verstehe ＊5・62)——私的〈言語〉——であるのであるから。したがって、私の〈世界〉は、私のみが理解する〈世界〉——私的〈世界〉——なのであるから。(図解IIを参照。)私の〈世界〉は私のみが理解する私的〈世界〉なのである。

図解II

世界は私の〈世界〉である。(独我論)

＝

私のみが理解する〈世界〉

＝

私的〈世界〉

そしてこれは、〈独我論〉の一表現であると言えよう。世界は私の〈世界〉であり、それは、私のみが理解する私的〈世界〉であるとすれば、各人はそれぞれ自己の〈世界〉に閉じこもり、そこには相互理解は存在しない事になる。即ち、各人の〈世界〉には窓が無いのである。私には私の〈世界〉のみがあり、そこには、私の感覚、感情、思い、意志、……が、即ち、私の心的なるものが、生き生きと存在するのであるが、他人のそれらは感じられず、他人はただ人の形をしたものとしてのみ存在するのである。このような世界観は、世界において心的存在として本当に存在するものは独り我のみである、という意味で、「独我論」と言われてよいであろう。

＊　この部分は、文法的には、「それのみを私は理解する言語」即ち「私が理解する唯一の言語」ととる事も可能であり、事実多くの人々（例えば、ラッセル、ヒンティッカ、ステニウス、ブラック）がそうとっている。しかし、それでは、「世界は私の〈世界〉である」という事は帰結するが、「その私の〈世界〉は、他人には理解不可能である」という事は帰結しない。即ち、独我論は帰結しないのである。ウィトゲンシュタインは、独我論について、こう言っている。「誰も私を理解出来てはならない、という事が本質的なのである。即ち、他人は「私が本当に意味する事」を理解出来てはならない、という事が本質的なのである。……私は、彼は私を理解すべきである、という事は論理的に不可能である事を望む。即ち、彼は私を理解する、と言う事は、偽ではなく無意味であるべきなのだ。」（『青色本』p.65、一一〇頁）なお、ここで言う「私の〈言語〉」は、『探求』においては、第二五六節で「私自身のみが理解出来る言語」（die Sprache, die nur ich selbst verstehen kann）と言われている。

それではウィトゲンシュタインは、このような意味での独我論——簡単に言えば「世界は私の〈世界〉である」という独我論——を、どう克服しようとしたのか。それは、『論考』においては、それを深化し徹底する事によって、であった。ポイントは、「私の」という所有格で言語的に姿を現している〈私〉と世界との関係、である。彼は、（途中省略した所もあるが、）こう言うのである。（図解IIIとIVを参照。）

図解III

内容的には：　　　　　　　私＝私の世界＝私の生活世界

‖

形式的には：私の言語の諸限界＝私の世界の諸限界

図解IV

自我

‖

哲学的自我＝私の世界の限界

‖

形而上学的主体

私の言語の諸限界は、私の世界の諸限界を意味する。（5・6）

「私の」世界と「私の」生活は一つである。（5・621）

私は、私の世界（小宇宙）「そのもの」である。（5・63）

「時々刻々」思考し表象する主体は、「世界の中には」存在しない。（5・631）

「時々刻々思考し表象する」主体は、世界には属さない、それは、世界の一限界なのである。（5・632）

「時々刻々思考し表象する主体ではなく、それを貫いている」形而上学的主体は、世界の中の何処に認められるべきなのか。君は、こう言うであろう、ここにおける事態は、眼と視野の関係と同じである。しかし、君は実際には眼を見てはいない。「それ故、眼は視野の中には存在しない。」そして、視野にある何ものからも、それが眼によって見ら

れているという事を推論する事は、出来ない。（5・633）［それ故、視野と眼の関係は偶然的である。］

つまり、［二重の意味で］視野は例えばこのような形を［必然的に］持つものではないのである。（5・6331）

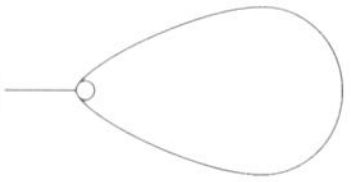
眼

この事は、我々の経験の如何なる部分もア・プリオリではない、という事と関係している。我々が見るものは全て、別様でもあり得たのである。（5・634）

ここにおいて人は、独我論は、厳格に遂行されると、純粋な実在論と一致する、という事を悟る。独我論の自我は、大きさのない点へと収縮し、その自我に対応する実在が残るのである。（5・64）

したがって実際、この意味でならば自我が哲学において——心理学的にでは無く——問題になり得る、という意味が存在する。自我は、「世界は私の世界である」という事を通して、哲学に入り込む。［この自我、即ち］哲学的自我は、人間ではない、人間の身体ではない、或いは、心理学が扱う人間の心ではない、それは、形而上学的主体であり、［私の］世界の——部分ではなく——［超える事の出来ない］限界なのである。（5・641）

独我論で、「世界は私の〈世界〉である」と言うときの世界、即ち、私の世界は、私の生活世界、の事である。（5・621）ここで我々は、決して、私の世界として物的な世界のみを考えてはならない。私の世界は、私の感覚、感情、思い、意志、等々、によって成り立っている私の生活世界なのであり、そして、それが即ち〈私〉というものの内実なのである。（5・63）
　ところで、時々刻々思考し表象する主体は、私の生活世界の中には存在しない。（5・631）ウィトゲンシュタインによれば、例えば「Aは、pと考える」は「「p」は、pと考える」という形式を持っているのである。（5・542）主体Aは、命題「p」に成り切って、pと考える訳である。これが現実の事実である。即ち主体Aは、この世界から姿を消すのである。（なおこの所見は、中期においては、普通一般にIch denke（私は考える）という表現によって意味されている事は、実はEs denkt（考えが生じている）という表現で表されるべきものだ、と言われる。）こういう訳で、時々刻々思考し表象する主体は、私の生活世界の中には存在しないのである。勿論、生じている考えは、私が考えているものである。しかしその〈私〉は、私の生活世界の中には現れない。そのような主体は、私の生活世界には属さず、私の生活世界の一限界（eine Grenze）なのである。（5・632）そのような主体によって思考され表象される世界は、論理的に、当の主体を前提とし、且つ、当の主体を超え出る事は出来ないからであろう。それでは、私の生活世界の他の限界は何か。それは、私のみが理解する言語によって与えられる全可能的事実ではないか。そしてこの限界は同時に私の言語の諸限界（die Grenzen）でもあるのである。（5・6）私の言語の限界が諸限界と複

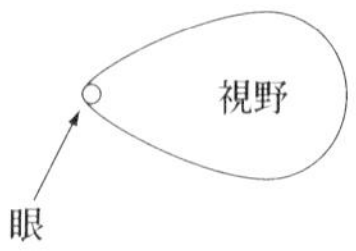

I図

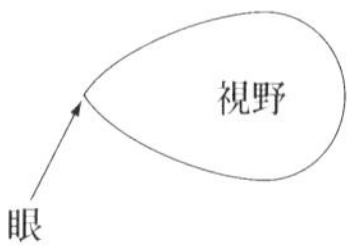

II図

数になっているのは、言語の限界には、名前に関する限界と、それらの間で可能な結合の形式に関する限界が有るからではないか。

他方、時々刻々思考し表象する主体ではなく、それを貫いている形而上学的〈主体〉は、世界の中の何処に認められるべきか、と問われれば、君はこう言うであろう、形而上学的〈主体〉と私の生活世界の関係は、眼と視野の関係と同じである。しかしそのように言うとき、もしも君がI図のような図式、即ち、眼が視野の中に入り込んだ図式、を思い描いているとすれば、それは誤りである。何故ならば、君は実際には眼を見てはいないのであるから。したがって、眼と視野の関係は、II図のようでなくてはならない。しかし、視野にある何ものからも、それが眼によって見られているという事を推論する事は出来ない。（5・633）したがって、眼と視野の関係は偶然的なのである。それ故、眼と視野が必然的にII図のような図式を有する訳でもない。実は眼は「見る」という事と何の関係もなく、実は額が見るのだ、という事も、論理的には有り得るのである。つまり、眼と視野の関係は論理的にはI図のような形もII図のような形も持ちはしないのである。（5・6331）この事は、我々の経験の如何なる部分もア・プリオリではないのであり、我々が見るものは全て別様でもあり得たのだ、という事と関係している。（5・

６３４）何故ならば、もしも眼と視野が必然的にII図のような図式を有するとすれば、たとえ眼の構造は偶然的であるとしても、それを前提にすれば、視野には眼の構造を反映するア・プリオリな構造が存在する事になるであろうから。

　ここにおいて人は、独我論は、厳格に遂行されると、即ち独我論の自我がIII図のように大きさのない点へと収縮されると、純粋な実在論と一致する、という事を悟るのである。言い換えれば、独我論の自我は、大きさのない点へと収縮し、その自我に対応する実在——如何なる部分もア・プリオリではない実在——が残る、という訳である。（５・６４）

III図

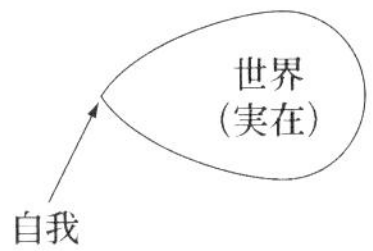

　とは言え独我論と実在論は、実は高々極限としてそれぞれの世界が一致する（もしくは重なる mit dem reinen Realismus zusammenfallen）までであって、独我論が純粋な実在論になるのではない。第一、独我論の自我は、「世界は私の世界である」という事を通して、大きさのない点としてであろうとも、なお形而上学的〈主体〉として、また、世界の——部分ではなく——限界（die Grenze）として、残るのである。（５・６４１）そして第二には、私の言語は依然として私のみが理解する言語であるから。したがって『論考』においては、独我論が消え去る訳ではない。

　それでは、そのような独我論を脱却するにはどうすればよいのか。それには、①形而上学的〈主体〉は実は非在である、という事と、②言語は、私の言語——私のみが理解する言語（私的言語）――ではなく、本来公的なもの（公的言語）だ、という事を、明らかにしなくてはならない。そして『論考』の後、①の作業が『青色本』と『探求』において遂行され、②の作業が『探求』において遂行された。そして実は、その何れの作業の土台にも、彼の「言語ゲーム論」があるのである。言うならば、彼の「言語ゲーム論」が、彼の「独我論」批判の土台なのである。（図解Vを参照。）しかし、この事の具体的議論は第二章　本論に譲る。

なお、II図においては、眼と視野の関係は偶然的であった。それでは、III図における自我と世界の関係はどうであろう。それは、世界は必然的に私の世界である、という意味では必然的であるが、その世界の内容は、ア・プリオリではなく、別様でも有り得た、という意味では、やはり偶然的なのである。したがって、言うなれば、自我と世界の関係は、形式的には必然的だが、内容的には偶然的なのである。そして「眼と視野」の比喩は、眼と視野の関係は形式的にも偶然的である、という点において、破れる訳である。

図解V

言語ゲーム論
- 自我の非在 ―――――― 「独我論」批判①
- 「私的言語論」批判 ―――― 「独我論」批判②

3　『青色本』における「言語の先行性」と「独我論」批判

『青色本』という本の内容は、ウィトゲンシュタインが一九三三年から一九三四年にかけて、ケンブリッジの彼のクラスで、英語で口述し筆記させたものである。彼は謄写版でコピーを作らせ、それには青色の表紙が付けられていたので、彼がそう呼んでいた訳ではないが、一般に『青色本』と呼ばれていた。彼はまた、一九三四年から一九三五年にかけて、今度は彼の二人の学生だけを相手に、やはり英語で口述し筆記をさせた。そしてそのタイプ・コピーを三部だけ作らせ、それは非常に親しい友人や学生にのみ見せられた。それには茶色の表紙を付けられていたので、一般に『茶色本』と呼ばれていた。しかしウィトゲンシュタインが『茶色本』で言わんとした事は、後に『探求』で言われているので、今は取り上げない。今日では『青色本』と『茶色本』は、合本にされ、ラッシュ・リースの解題が付けられて、バージル・ブラックウエル（Basil Blackwell, 1964）から出版されている。

後期のウィトゲンシュタインの哲学が言語論——〈意味の対象説〉批判——を中心に展開する事を象徴するように、そしてまた『探求』がそうであるように、『青色本』もまた「語の意味とは何か」と問う言語論で始まる。そして、約58％ほど進むと、「まとめをしよう」と言って、次のような文章が出て来る。訳はウィトゲンシュタイン著、黒崎宏訳・解説『『論考』『青色本』読解』産業図書（二〇〇一）による。

もしも「考える」「意味する」「望む」等々といった［心的な］語についての使用を詳細に観察するならば、我々は、その観察過程を通して、我々の思考を表現する働きとは独立な、そして、［心という］或る特殊な媒体の中にある、思考の特殊な働きを探そうという誘惑から、解放される。（p.43、七二頁）

そして事実彼は、最初から一貫して、心的なる〈もの〉は確かに存在はするが本質的ではない、という事を主張するのである。彼は、時間・空間を超え、現実・非現実、具体・抽象、何であれ対象にし得る思考という、考えて見れば不思議なものについて、こう言うのである。

一見したところ、思考にその特異な性格を与えるものは、思考は一連の［――物的ではなく――］心的な状態である、という事にあるように思われる。そして思考に関し、奇妙であり且つ理解が困難である点は、それが［我々の］心という媒体の中で起きる過程――おそらく、この媒体の中でのみ起きる過程――である、という事であるように思われる。（p.5、九頁）

そして勿論これは誤解である。ウィトゲンシュタインによれば、「思考は［(心の活動ではなく)］本質的に記号を操作する活動」(p.6、一二頁)なのである。言い換えれば、思考は心的ではなく、言語的なのである。即ち、言語無しには思考は有り得ない、のである。*

＊　もっとも、言語活動無しの思考も有り得る。しかし、言語無しには思考は有り得ないのである。拙著『言語ゲーム一元論』七〇―七一頁を参照。

この〈言語の先行性〉或いは〈表現の先行性〉について、彼は、『青色本』において多くの事を言っている。以下において私は、この事を示唆する文章を幾つか抜き出してみよう。

(1)もしもAが、Bが彼の部屋に4時30分に来るという事を、4時から期待するとすれば、［Aには］一体何が起きるのか。「或る事を、4時から4時30分にかけて期待する」という句は、確かに或る意味では、その時間帯のAの心［と行為］の一つの過程或いは一つの状態を指示するのではなく、［その時間帯の］Aの心［と行為］の非常に多くの異なった活動と状態を指示する［事が出来る］のである。例えば、もしも私が、Bが［私の部屋に4時30分に］お茶を飲みに来るという事を［4時から］期待するとすれば、［私に］起きる事は、こうかも知れない。4時に私は私の日記帳を見て、今日の日付のそばに「B」の名前を認める。私は二人分のお茶を用意する。私は一瞬「Bは煙草を吸っただろうか」と自問し、［吸っていた事を思い出して、］煙草を出しておく。4時30分近くになると、私はそわそわし始める。私は、Bが私の部屋に入って来るときの様子を想像する。これらの事全体が、「[私は] Bが私の部屋に来るという事を、4時から4時30分にかけて期待する」と呼ばれる事であるが、しかしこの過程には、限りないヴァリエーション（変奏曲）があるのであり、しかもそれらの全てが、「[私は] Bが私の部屋に来るという事を、4時から4時30分にかけて期待する」という、同じ表現で記述されるのである。ここで、もしも或る人が、「[私は] Bが私の部屋に来るという事を、4時から4時30分にかけて期待する」という、この同じ表現で記述される様々な異なった過程には、一体何が共有されているのか、と問うならば、答えは、こうである。それらの過程には、多くの特性が部分的に共有されてはいるものの、全体に共有されている一つの特性なるものが存在する訳ではない。それらの過程は、家族を構成するのである。それらの過程は、はっきりとした境界を決めることが出来ない家族的類似性を、互いに有するのである。（p.20、三二頁）

確かに、その通りである。「それらの過程には、多くの特性が部分的に共有されてはいるものの、全体に共有されている一つの特性なるものが存在する訳ではない。」しかし、それらの過程全体に共有されているものが、無い訳ではない。それは、「[私は] Bが私の部屋に来るという事を、4時から4時30分にかけて期待する」という表現である。この表現が、この過程の限りないヴァリエーションを、言わば束ねているのである。そして、この限りないヴァリエーション全体に共有されているものをその「本質」と言うとすれば、件の表現こそがその限りないヴァリエーション全体の本質である、と言ってよいであろう。言わば、表現こそが過程に先立つのである。一般的に言えば、「言語が存在に先立つ」のである。

> (2)非常に多くの哲学的困難は、我々が今考えている「望む」「考える」等々といった表現の意味と、結び付いている。それらの困難は、「如何にして人は事実でない事を考える事が出来るのか」という問いに集約される事が出来る。(p.30、五〇頁)
>
> 「如何にして人は事実でない事を考える事が出来るのか。もしも私が、火事ではないのに、キングスカレッジは火事である、と考えるならば、キングスカレッジは火事である、という事実は存在しない。それでは、如何にして私は、キングスカレッジは火事であるという「存在しない」事実を考える事が出来るのか。」(p.31、五一頁)
>
> 我々が取るであろう次の段階は、我々の思考対象は、事実ではないのであるから、事実の影であると考える、という事である。この影には、例えば「命題」とか「文の意味」とかいった、いろいろな名前がある。(p.32、五三頁)

しかしそう考えても、我々の困難が取り除かれはしない。何故ならば、今や問題は「如何にし

て或るものが存在しない事実の影であり得るのか」であるのだから。(p.32、五三頁)

これに対する彼の答えは、こうである。

もしも我々が、[意図の上では]正しいとはいえ、対象と相似ではない像の可能性を心に抱き続けるならば、影を文と事実の間に[事実に次ぐものとして]挿入する事は、全く意味を失う。何故ならば、今や文自体が、そのような影として働き得るのであるから。まさに文は、そのような像――それが表現するものと少しも似たところがない像――なのである。もしも我々が、如何にして文「キングスカレッジは火事である」は、キングスカレッジは火事である、の像であり得るか、という疑念を抱くならば、我々はただ、「如何にして我々は、その文が意味する事を説明すべきか」と自問しさえすればよい。その文が意味する事の説明は、直示定義によって構成されるかもしれない。我々は、例えば、(当の建物を指さして)「これがキングスカレッジである」と言い、(火を指さして)「これが火である」と言わねばならない。これが君に、語とものが結合される仕方を示すのである。(p.37、六一頁)

この思想は、『論考』における「像の理論」である。「像の理論」が彼の後期の哲学にも引き継がれている事は、興味深い。そしてこの事は、文自体が、云わば影の働きをするのであり、文のほかに影という心的なものは必要でない、という事を物語っている。一般には、その影が文の意味である、と考えられる事が多い。しかし、文自体が云わば影の働きをするのであり、文のほかに影という心的なものは必要でないとすれば、言う過程自体が意味する過程なのであり、意味するという心的過程が別にある訳ではない事になる。それでは「意味する過程」とは何か。それは、言う過程が言語ゲームの中で役割を果たす過程である。

(3)我々は、我々が起きる事を望む事は「、影としてではなく、」我々の望みの中に存在しなければならない、と言うべきなのである。何故ならば、もしも我々が起きる事を望むまさにその事が、我々の望みの中に存在しなければ、如何にして我々は、まさにその事が起きる事を望み得るであろうか。次のように言う事は、全く正しいのである。即ち、「単なる影では、まさにその事が起きるという事を、望み得ないであろう。何故ならば、影は、対象の一歩手前で止まっているのであるから。そして我々は、望みは対象そのものを含んでいる、という事を欲しているのであるから。」——我々は、「スミス氏がこの部屋に来る」という望みは、「(スミス氏の影のような代替物ではなく)まさにスミス氏［自身］が(この部屋の影のような代替物ではなく)［まさに］この部屋に(来るの影のような代替物ではなく)［まさに］来る」という望みで、あって欲しいのである。しかし、これこそが、まさしく［望みの中で］我々が言った事［――「スミス氏がこの部屋に来る」――］なのである。（p.37、六一頁）

我々の困難は、以下のように表現される事が出来よう。我々は、いろいろなものについて考える。――しかし、それらのものは、如何にして我々の思考の中に入り込むのか。我々は、スミス氏について考える。しかしスミス氏について考えるのに、彼が今此処にいる必要はない。［ましてや、］彼の写真など、役に立たない。何故ならば、我々は［、スミス氏の写真がないとスミス氏について考える事が出来ないときに、］どうしてその写真がスミス氏の写真であると、知る事が出来ようか。実際に、［スミス氏について考えるのに、］彼の代替物など役に立たないのである。［という事は、彼自身が――彼が今此処にいなくとも――じかに我々の思考対象である、という事である。］では、如何にして彼自身が［――たとえ彼自身が今此処にいなくとも――］我々の思考対象で有り得るのか。（p.38、六三頁）

或る人についての我々の思考、或いは、語りと、その人自身の結合［(指示関係)］は、［例えば、］「スミス氏」という語の意味を説明するために、我々が［眼の前にいる］或る人を指さして「これがスミス氏である」と言うようなときに、作られる。そして、この結合には何の神秘性もない。私が言いたい事は、スミス氏が実際には此処にいないときに［彼について考える場合］、彼を我々の心の中に何らかの仕方で呼び出す奇妙な心的作用などは存在しない、という事である。

彼を我々の心の中に呼び出すものは、件の結合［――思考と対象の間の、何の神秘性もない結合――］なのである。（p.38、六三頁）

彼を我々の心の中に何らかの仕方で呼び出すのは、〈連想〉という心的作用である、と言う人がいるかもしれない。しかし連想は因果関係であって、そこには指示関係は存在しない。指示関係は言語の中にしか存在しないのである。したがって、我々の思考や語りは、心理学的には説明出来ないのである。それらは本質的に言語的なのであり、言語無しには有り得ないのである。

(4)こういう議論を、考えてみよう。「如何にして我々は、この紙が、赤でないとき、赤である、と望み得るのか。この事は、私はそもそも［今現に］存在しない事を望んでいるのだ、という事を意味してはいないのか。［意味しているのだ。そもそも、「望む」という事はそういう事ではないのか。］」それ故、私の望み［の心像］は、その紙が赤であるという事と似た何かを含み得るだけ、なのである。［赤の心像それ自体は、決して赤くはないのであるから。］したがって我々は、我々が［赤でない］何かが赤である事を望む、という事を語るとき、［それが、望みの色（赤）の心像の色を望む、という事であるとすれば、］「赤」という語とは別の語を使うべきではなかったのか。［何故ならば、］望みの［色（赤）の］心像は、確かに我々に、赤い紙の［赤い色の］現

図解 1

「私はこの紙が赤であると望む」(言語表現)

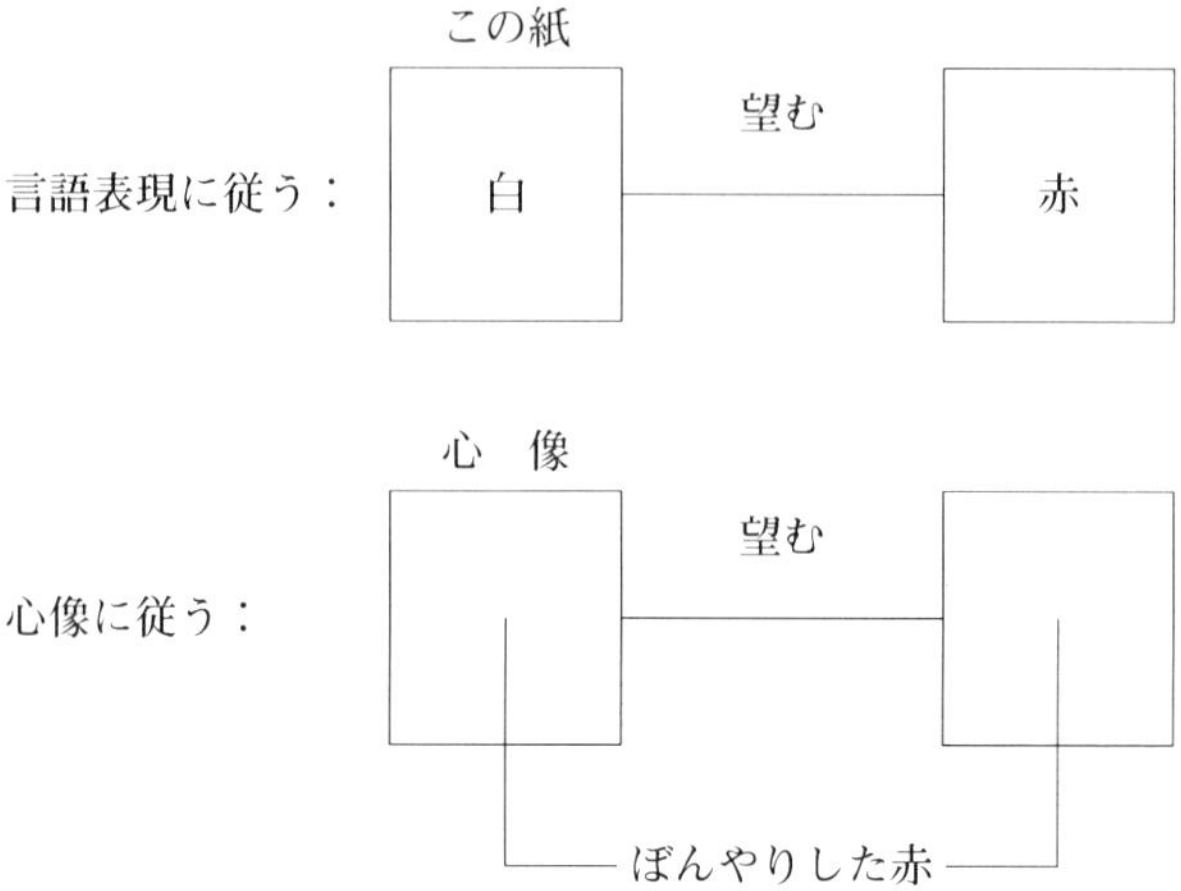

例えば、「この白い紙を赤く塗れ」という命令（言語表現）に従うならば、我々はその白い紙に赤い色を塗らなくてはならない。しかし、「この白い紙を赤く塗れ」という命令を聞いて思い浮かんだ心像の色——それは決して本来求められている赤ではない——に従って色を塗れば、本来求められている赤ではない色——例えば、ぼんやりした赤い色を塗ることになる。したがって我々は、言語表現に従って行為すべきなのであって、心像に従って行為すべきではないのである。

実性よりは、はっきりしない何か、もやもやした何か、を示す［のであるから］。それ故私は、「私はこの紙が赤であると望む」の代わりに、「私はこの紙にぼんやりした赤を望む」といったような事を言うべきなのである。*」（p.60、一〇二頁）

この議論の教訓は、赤くない紙（例えば白い紙）について「私はこの紙が赤であると望む」と言うとき、その意味は、「私はこの紙がその時私の心に浮かぶ心像の色であると望む」ではない、という事である。（図解Iを参照。）したがって我々は、心像に従って行為してはならないのである。我々は「私はこの紙が赤であると望む」という言語表現に従って行為すべきなのである。望みの事実を表しているのは言語表現の方なのであり、その時の心像ではない。勿論、その時の心像は「私はこの紙が赤であると望む」という事を意味しているのだ、と言う事は出来る。しかし、心像に意味を与えるのは言語表現であって、その逆ではない。言語表現に意味を与えるのは心像ではなく、言語ゲームにおけるその言語表現の使用なのである。

＊　但し、このパラグラフは、独我論が論じられ始めてから、現れる。

『青色本』の後半部分は、再び「意味」の話題から始まる。（p.43、七三頁）そして、此処から〈個人的経験〉が中心テーマとなる。此処に言う〈個人的経験〉とは、他人には持つ事が出来ない〈私的経験〉の事である。

個人的経験を肯定すると、必然的に「私自身の経験のみが本当の（real）経験である」（p.46、七七頁）と言いたくなるし、「私は、私は見ている、聞いている、痛みを感じている、等々、の事を知っているが、しかし私は、誰か他人が、見ている、聞いている、痛みを感じている、等々、の事を知ってはいない」（p.46、七七頁）とも言いたくなる。或いは「私自身の経験のみが本当（real）である」（p.59、一〇〇頁）とか「私のみが、本当に（realy）見る」（p.60、一〇一頁）等々、とも言いたくなる。そしてこれらの表現は、何れも、「独我論」の表現の一つである、と言ってよいであろう。独我論は、『論考』では「世界は私の世界である」という形で述べられていたが、それらの表現は何れも「私が生きているこの世界は、私の世界である」という事を含意しているから。しかし『青色本』では、ウィトゲンシュタインはこうも言う。

> 時には、我々の「問題にしている」独我論の最も満足すべき表現は、こうであると思われる。「何であれ、それが見られる（本当に見られる）とき、それを見る者は常に私である。」（p.61、一〇四頁）

そして彼は、この表現を出発点にして、「独我論」批判を展開するのである。しかし、彼の「独我論」批判の本論は『探求』においてである。

4　『探求』における「独我論」批判について

既に述べたように、「私的言語は不可能である」という彼の「私的言語論」批判（第二四三―二八〇節）が、『探求』における彼の「独我論」批判の要である。そしてその「独我論」批判は、印象的な第三九八節において、展開される。彼はそこでこう言っているのである。

［対話者は言う。］「しかし私が、或るものを想像するとき、或いはまた、実際に何らかの対象を見るとき、私は確かに、私の隣人が持っていない或るものを持っている、のである。」――［ウィトゲンシュタインは言う。］私は、君の言う事を理解する。君は、自分の周りを見渡して、「しかし、私だけがこれを持っているのである」と言いたいのである。――しかし一体この言葉は何に使用されるのか？この言葉は、何の役にもたちはしない。――したがって、確かに人はまた、「この場面では、「見る」という事について――したがってまた、「持っている」という事について――そして、「主観」について、したがってまた、「私」について――何も語られてはいない」と言う事も可能ではないのか？［可能なのである。］

この断章を如何に理解すべきか、という事が、次の第二章本論の課題である。

第二章　本論――『探求』における「独我論」批判――

私は、後期ウィトゲンシュタインの主著『哲学的探求（*Philosophische Untersuchungen*）』（略して『探求』）の核心部分を読みながら、彼によって切り開かれた新しい哲学を辿り、『探求』において「独我論」批判が如何に行われたかを見る事によって、彼の「独我論」批判の筋道を明らかにしたい。

『探求』は主要な第I部と補足的な第II部に分かれ、その第I部の原稿は、第一次原稿（戦前版）、第二次原稿（中間版）、第三次原稿（最終版）と、三段階を経て作られた。（図解Iを参照。）以下において私は、その第二段階（中間版）で初めて論じられたテーマの中から、「規則」「私的言

図解Ⅰ

『探求』の成立過程：

第Ⅰ部（1936-45）第一次原稿　第一節—第一八八節（戦前版）
第二次原稿　第一節——第四二一節（中間版）
第三次原稿　第一節———第六九三節（最終版）

第Ⅱ部（1946-49）　i——xiv

語」「痛み」の問題を採り上げる。それらを通じての私のテーマは、「独我論（Solipsismus；solipsism）」批判である。或る意味では『探求』へのイントロダクションの役目を果たす『青色本』の基本テーマの一つが、やはり「独我論」批判であったが、私は、その同じテーマを、『探求』の中に辿りたい。内容は、以下の通りである。

1　はじめに
2　「規則に従う」という事
3　「私的言語論」批判
4　「〈イタミ〉の実在論」批判
5　結語——『探求』における「独我論」批判——

1　はじめに

ウィトゲンシュタインは、後期の哲学においては、前期の主著『論理的-哲学的論考（Tractatus Logico-Philosophicus）』（『論考』）が堅持していた「意味の対象説」を根源的に自己批判した。「意味の対象説」とは、言葉には

図解II

意味の対象説

「a」――――――――――――――――――a
言葉　　　　　指示する　　　　　対象・もの・意味
　　　　　　　意味する

〈意味〉なる〈もの〉がその言葉とは別に在ると考えて、それを求め、そしてそれを、その言葉が指示する〈対象〉であるとする説である。(図解IIを参照。)これに対し後期のウィトゲンシュタインは、そもそものような意味なる〈もの〉が在るとは考えず、ただひたすら、言葉が現実の生活において如何に用いられ如何に働いているかを、見るのである。後期のウィトゲンシュタインは、言葉が組み込まれた現実の生活を「言語ゲーム」と言い、ただひたすら、言語ゲームにおける言葉の生態に眼を注ぐのである。したがって、後期のウィトゲンシュタインの意味論は、言わば「無意味論」であり、その言語論は、「言語の生態学」なのである。即ち、後期のウィトゲンシュタインの意味論は、意味なる〈もの〉は存在しないという意味で「無意味論」であり、その言語論は、言うなれば「言語の現象学」なのである。実際、言葉が現実の生活において如何に用いられ如何に働いているかを、即ち、言葉の言語ゲームにおける生態を、見る事が出来るならば、その他に、改めて言葉の意味なる〈もの〉を求める必要もなくなるのではないか。そのようにして彼は、後期において、言葉の意味なる〈もの〉を求めようとする誘惑から、自らを解き放つのである。結局ここでは、言葉は言語ゲームにおいて(働きをも含めた意味で)如何に使用されるのか(wie gebraucht wird)(『探求』

第一節d）という事のみが、問題になるのである。それ以外に、一体我々は何を必要とするのか、という訳である。

例えば、こうである。もしも親方が私に、「ここにプロシャン・ブルーを塗れ」と言ったとすれば、例えば私は、ラベルに「プロシャン・ブルー」と書いてある絵の具を取り出して塗るであろう。これが、今の場合の「プロシャン・ブルー」という語の用いられ方であり、働きである。ここでは、親方と私が同じ色を感じているかいないかは、問題ではない。ここで大切な事は、親方が「プロシャン・ブルー」と言い、私がそれを聞いて、それと同じ「プロシャン・ブルー」と言われる色を塗る、という事なのである。ここで親方と私が共有しているのは、「プロシャン・ブルー」と言われる色の感覚ではなく、「プロシャン・ブルー」という言葉なのである。勿論、各人は「プロシャン・ブルー」と言われる色の感覚を持っている。しかし各人が持っている色の感覚は、比べようがないし、比べる必要もないのである。事柄――今の場合は、命令を与えられ、それを遂行するという事――は全て、感覚の世界においてではなく、言語ゲームの世界において、行われるのである。我々は、後に――5節の結語において――この論点に立ち返るであろう。

後期のウィトゲンシュタインは、〈言語ゲーム〉を究極の所与とみなし、全てを言語ゲームという場において考えようとした。彼のこの〈言語ゲーム論〉は――私はそれを「言語ゲーム一元論」と呼んだが（拙著『言語ゲーム一元論』勁草書房、一九九七）――『青色本』で始まり、『茶色本』を

図解III

（思考）
考える＝言う＋経験 x
　　　　└――記号を操作する活動（言語的事象）
　　　　　　　　（言語ゲームの世界における事象）
考える≠思考過程・思考の働き（心的事象）

経て、『探求』において幅広く展開された。

さて（先に第一章3節で述べたように）、その『青色本』は、後期のウィトゲンシュタインの哲学が「言語ゲーム論」という言語論を土台に展開される事を象徴するかのように、そしてまた『探求』が実際にそうであるように、「語の意味とは何か」という問いで始まる。そして、約58％ほど進むと、「まとめをしよう」と言って、次のような文章が出て来る。（図解IIIを参照。）

もしも「考える」「意味する」「望む」等々といった［心的な］語についての使用を詳細に観察するならば、我々は、その観察過程を通して、我々の思考を表現する働きとは独立な、そして、［心という］或る特殊な媒体の中にある、思考の特殊な働きを探そうという誘惑から、解放される。我々はもはや、「考えるという経験は、まさに、言うという経験に外ならないかもしれないし、或いは、言うという経験プラスそれに随伴する他の経験であるかもしれない」という認識を、妨げられる事はない。（p.43、七二頁）

そして事実彼は、『青色本』の最初から一貫して、心的なる〈もの〉は確かに存在はするが本質的ではない、という事を主張するのである。彼によれば、例えば「思考は「(心の活動ではなく)」本質的に記号を操作する活動」(p.6、一一頁)なのである。言い換えれば、思考は、心的な事象ではなく、本質的に言語的事象なのである。即ち、思考は、言語ゲームの世界という場における事象なのである。したがって、無心な——無意識な——思考は有り得るが、しかし、言語無しには、思考は有り得ないのである。この事は、思考は、基本的には命題から命題への移行であるから、言語無しには有り得ないが、その移行を保証する論理——例えば、「三段論法」の規則——は、本来は無意識的であるという事を考えれば、よく分かるであろう。思考には、意識的な部分の他に、本来無意識的な部分が在り、また、在らねばならないのである。

　思考、等々の心的なる事は、それらの成立に場を提供する言語ゲームなしにはあり得ない、という意味での、この〈言語ゲームの先行性〉については、彼は、『青色本』の前半において——〈表現〉の〈経験〉に対する先行性という形で——多くの事を言っている。しかしそれについては、勿論彼は、『探求』においても多くの事を言っている。今は、『探求』をテキストにしている訳であるから、以下において私は、『探求』から、〈言語ゲームの先行性〉——より正しくは〈言語ゲームの論理的先行性〉——を示唆する箇所を、幾つか拾ってみようと思う。

(1)時には人は、形を手で隠す事によって、或いは、視線をその物の輪郭に向けないようにして、或いは、対象を見つめ、かつてどこでこの色を見たかを思い出そうと務める事によって、注意を色に向けるのである。

時には人は、形を模写する事によって、或いは、色をはっきりと見ないように、眼を細める事、等々、によって、注意を形に向けるのである。

そこで私は言いたい、人が「注意を形や色に向ける」ときには、これらおよびこれらと似た事が起こるのである。しかし我々に「彼は注意を形、色、等々、に向けている」と言わせるのは、これらの事そのものではない。彼は注意を形、色、等々、に向けている、という事は、これらの事に於いて成り立っているのではないのである。それは丁度、チェスに於ける手は、ただ単に、或る駒が盤の上でシカジカにずらされるという事に於いて成り立っているのでもなければ、――しかしまた、そのときの駒を動かす人の思いや感情に於いて成り立っているのでもない、というのと同じである。チェスに於ける手は、我々が「チェスを一局する」「チェスの問題を解く」等々と呼ぶ状況［――チェスゲームという状況――］に於いて、初めて成り立つのである。（第三三節）

チェスに於ける手が成り立つためには、チェスゲームという状況が必要であるのと同様に、注意を形、色、等々、に向けている、という事が成り立つためには、それが拘わる言語ゲームという状況

〈場〉が必要なのである。形が話題の言語ゲームにおいては、人は形に注意を向け、色が話題の言語ゲームにおいては、人は色に注意を向ける、という訳である。

(2)例えばチェス盤は、明らかに絶対的な意味で構成されているのではないのか？――君はきっと、チェス盤は32個の白い正方形と32個の黒い正方形によって構成されている、と考えているのであろう。しかし我々は、例えば、チェス盤は白い色と黒い色および正方形の網模様によって構成されている、とも言えないであろうか？そして、もしここには種々様々な全く異なった見方が存在するとすれば、それでも君は依然として、チェス盤は明らかに絶対的な意味で「構成されている」、と言うであろうか？――或る一定の言語ゲームの外で「この対象は構成されているか？」と問う事は、かつて或る青年がしていた事に似ている。彼は、或る動詞が或る例文に於いて、能動形で用いられているのか、受動形で用いられているのか、を述べねばならない事になっているその文脈から外し、ただそれが能動的な何かを意味しているのか、受動的な何かを意味している――これに答える事は簡単である――のに、例えば「眠っている」という動詞について、それをのかと、頭を悩ましていたのである。（第四七節）

問いは、或る一定の言語ゲームの中でのみ、意味があるのである。

(3)ものは、言語ゲームの中でないならば、名前すら持ち得ないのである。この事は、フレーゲが、語は命題の中に於いてのみ意味を持つ、と言うときに意味していた事でもあるのである。（第四九節）

言語ゲームの中でないならば、我々は〈もの〉を〈もの〉として有意味に扱う事は出来ないのである。例えば、黒点は、文章のしかるべき場所にあればピリオドであり、似顔絵のしかるべき場所にあればホクロである。しかし、黒点から、それが置かれていた全ての文脈を完全に消してしまえば、どうなるであろう。かく言うとき、それは、黒点が置かれていた時間空間をも完全に消し去る事を意味しているのである。それでは、時空の中にない黒点とは何か。そんな〈もの〉は考えられるであろうか。何か或る〈もの〉xとしてすら、考えられないのではないか。全ては、歴史的存在であり、概念上未来を含んでいるのである。そして、「歴史的存在である」という事も「概念上未来を含む」という事も、言語ゲームにおいて初めて可能なのである。

(4)私が「大地は完全に植物で被われていた」という記述を与えたときに、私が意味していた事についての説明は、例えば、或る絵を描き、そして「大地はおおよそこのように見えた」と付け加える事であろう。おそらく私は、「大地はまさしくそのように見えた」とも言うであろう。――

そうであるとすれば、この絵に描かれているこれらの草と葉は、この姿で、まさしくそこにあったのか？――そうではない。「大地はまさしくそのように見えた」という事は、この絵に描かれているこれらの草と葉は、この姿で、まさしくそこにあったという事を、意味してはいない。そして私は如何なる絵をも、このまさしくそのとおりという意味で、正確なものと認知してはいないのである。（第七〇節）

絵画的描像のみでは、言語的記述が意味していた事の説明にはならない。そこには、「おおよそこのように見えた」とか「まさしくそのように見えた」とかいう言語的表現が付加されねばならないのである。即ち、言語ゲームの中に置かれないならば、像（絵）は像（絵）になり得ないのである。その上我々は、如何なる絵をも、このまさしくそのとおりという意味で、正確なものと認知してはいない。では我々は、どの範囲をその絵によって描かれた状況と認知するのか。その範囲を決めるのが、再び、絵に付加されている言語的記述なのである。したがって、またしても、言語ゲームの中に置かれないならば、絵は絵として機能しないのである。

さて、このような〈言語ゲームの論理的先行性〉は、存在としての自我を払拭してしまう。即ち、心的なる〈もの〉は確かに存在はするが、その働きによって我々は「考える」「意味する」「望む」等々といった心的なる事を行うのではない、という事が明らかになる。言い換えれば、心的なる事を行う心的なる存在――〈心〉なるもの――が存在する訳ではないのである。心的なる〈私〉という存在が自我として在るのではなく、「私」という言葉が、言語ゲームの中で不可欠な役割を演じる存在として、在るのである。

そこで私は、心的なる〈私〉という存在が自我として有るのではないという事、言わば、自我の非在という事を、もっと直接『探求』の中で見てみようと思う。

A氏が数列を書きつける。B氏は、それを注視して、その数列の中に規則を見つけようと努める。ここで、

［対話者は言う。］しかし、ちょっと待ってくれ！――もし、「今や私はその体系を理解した」という事が「私に式……が思い浮かんだ」（或いは「私は式……を口に出して言った」、「私は式……を書き留めた」、等々）と同じ事を言っているのではないならば、――この事から、私は、「今や私はその体系を理解した」（中略）という命題を、［例えば、］式……を口に出して言ったときに、その背後に、或いは、それと並んで、生じていた［心的］過程の記述として用いる、という事が帰結するのではないか？

［ウィトゲンシュタインは言う。］もし、何かが「式を言う事の背後に」あるはずであるならば、その何かは［心的過程などではなく］式を言うときの或る特定の状況なのであり、そしてその状

況が、――私に式が思い浮かんだとき――私はその先を続ける事が出来る、と私が言う事を正当化するのである。

しかし何と言っても、決して理解したという事を「心的過程」として考えてはならない！――何故なら、「心的過程」という言い方は、君を混乱させる言い方であるから。その代わり、こう自問せよ、即ち、私に式が思い浮かんだとき、如何なる場合や如何なる状況に於いて、一体我々は「今や私はその先を知っている」と言うのか？――

理解には（心的過程を含めて）それに随伴する或る特徴的な過程が存在する。しかし、だからと言って、理解は心的過程ではない。

（これに反し、痛みの感覚の消長、メロディーや文章を聞く事、これらは心的過程である。）

（第一五四節）

確かに、心的過程は存在する。しかし、理解する、或いは、その先を知っている、という事は心的過程ではない。それでは、理解する、とか、その先を知っている、とかいう事は、どういう事か。それは、何れにせよ、事象とか状態ではない。確かに我々は或る特定の状況において、「今や私はその体系を理解した」とか「私はその先を続ける事が出来る」とかと言うのである。そして、この言語行為を正当化するのが、そのときの或る特定の状況なのである。ここで行われている事は、或る特定の状況における言語行為なのであり、そのような言語ゲーム、なのであって、それ以上でも以下でもない。我々は、そのような言語ゲームの他に、その背後に何らかの心的な事象や状態を想定してはならない。ましてや、物的な事象や状態——例えば、脳事象や脳状態——を想定してはならない。そうであるとすれば、当の言語ゲームの他に、理解する、とか、その先を知っている、とかいう事を行う主体としての〈私〉なる存在が在るのではない事になる。自我は非在なのである。

さて、自我が非在であるならば、他我も非在である事になる。そして、自他ともに非在であるならば、独我論はどだい有り得ない事になる。しかし、かく言うときの「独我論」は、言わば「形而上学的独我論」——「存在論的独我論」——である。『論考』において問題にされている独我論が、これである。そこにおいてウィトゲンシュタインは、こう言っているのである。

独我論が意味している事は、完全に正しいのであるが、ただ、それは、語られ得ず、自らを示すのである。（5・62）

世界は私の世界である、という事［——これは「形而上学的独我論」の表現の一つである——］は、（私のみが理解する）この言語の諸限界が私の世界の諸限界を意味する、という事の中に示されている。（5・62）

自我は、「世界は私の世界である」という事を通して、哲学に入り込む。哲学的自我は、人間ではない、人間の身体ではない、或いは、心理学が扱う人間の心ではない。それは、形而上学的主体であり、世界の――部分ではなく――［超える事の出来ない］限界なのである。（5・641）

これに対し、全ては言語ゲームに於いて考えられねばならないとすれば、「言語ゲーム論的独我論」というものが有り得るのではないか、と言われるかもしれない。即ち、言語は本来私的であり、したがって、言語ゲームも本来私的なのであって、有り得るものは独り我が言語ゲームのみである、というのである。ウィトゲンシュタインは、『探求』において、この意味での独我論を論駁するのに「私的言語論」批判をもってしたのである。

独我論には、実はもう一つ、「認識論的独我論」或いは「経験論的独我論」とも言われるべきものがある。『青色本』の後半において論じられている独我論の多くが、実はこれである。そこにおいて彼は、多くの場合、独我論を以下のように表現しているのである。

個人的経験が［周りの］現実を構成する素材である。（p.45、七五頁）

私自身の経験のみが本当に存在する［経験である］。（p.46、七七頁）

私は、私は個人的経験を持っている、という事を知り得るだけであって、他人が個人的経験を

持っている、という事は知り得ない。(p.48、八一頁)
如何にして我々は、他人が痛みを持っていると信じる事が出来るのか。[出来ないのではないか。] (p.48、八一頁)
私自身の経験のみが本当である。(p.59、一〇〇頁)
私のみが、本当に痛みを感じる。(p.60、一〇一頁)
私のみが、本当に見る(或いは、聞く)。(p.60、一〇一頁)
我々は、他人が物を見ているとき、彼は本当は何を見ているのかを、決して知らない。(p.60、一〇一頁)(類似：p.61、一〇四頁)
何であれ、それが見られる(本当に見られる)とき、それを見る者は常に私である。(pp.61, 63, 64、一〇四、一〇七、一〇九頁)

以下において私は、『探求』をテキストに、「規則に従う」という事についての議論――ウィトゲンシュタインの「規則論」――を経て「私的言語論」批判を行い、さらに、自我の非在に対する最強の論駁である「〈イタミ〉の実在論」を、批判したい。この「〈イタミ〉の実在論」批判は、実は、「言語ゲーム論」の正しい理解には不可欠な作業なのである。そして最後に結語として、『探求』における「独我論」批判の筋道を明らかにしたい。

参考書
山本信・黒崎宏編『ウィトゲンシュタイン小事典』大修館書店（一九八七）
ウィトゲンシュタイン著、黒崎宏訳・解説『『哲学的探求』読解』産業図書（一九九七）
ウィトゲンシュタイン著、黒崎宏訳・解説『『論考』『青色本』読解』産業図書（二〇〇一）

2　「規則に従う」という事

ウィトゲンシュタインの後期の哲学で、その中核に位置しているのが、「規則に従うとはどういう事か」という事についての議論である。しかし、彼のこの議論の提示は、残念ながら非常に混乱している。そして、それについて多くの頁を費やして論じたクリプキもマックギンもマルカムも、『探求』の問題の箇所——特に第一九八節と第二〇一節——を十分には読み切っていない、と私は思う。以下において私はそれら問題の箇所を、挿入［　］を入れながら、筋を通して読んでゆこうと思う。

ウィトゲンシュタインは、『探求』において、こう言っている。

［対話者は言う。］「……、如何にして規則は私に、私はここに於いて何を為すべきかを、教え

る事が出来るのか。［教える事は出来ないのではないか。何故なら、］たとえ私が何を為そうと、それでもそれは、何らかの解釈によって、その規則に一致させられ得る＊のである［から］。」［この考えの根底には、「規則は解釈を媒介にして初めて行為と結合する事が出来る」という考えがある。この考えは「解釈説」と言われてよいであろう。］［（図解Ⅰを参照。）］――［ウィトゲンシュタインは言う。］違う。そのように言われてはならない。そうではなく、［もしも規則には、解釈説が言うように、解釈が必要であるというのならば、］次のように言われなくてはならない。如何なる解釈も、それが解釈するものと共に、空中に浮かんでいるのである。如何なる解釈も、それが解釈するものの支えの役は、果たし得ないのである。解釈だけでは、［それらをいくら連ねても、］それらが解釈するもの［――今の場合は、規則――］の意味は決定しないのである。［したがって解釈説では、規則は私に、私はここに於いて何を為すべきかを、結局は教える事が出来ないのである。］［（図解Ⅱを参照。）］

［対話者は言う。］「だからこそ、たとえ私が何を為そうと、私が為した事はその規則に［、上手に解釈に次ぐ解釈を連ねてゆけば、］一致させられ得るのではないか。」［（図解Ⅲを参照。）］――［ウィトゲンシュタインは言う。］［そうではない。そう言われてはならない。そうではなく、今の問題は規則と行為の関係であるから、むしろ］私ならば次のように問う。規則の表現――例えば、道しるべ――は、私の行為と如何に関わっているのか、両者の間には如何なる結合が存在

するのか？――さて、これに対する解答は、例えば次のようである。私はその記号に対して一定の反応をするように訓練されている、そして［その訓練の結果］、私は今そのように反応するのである。［訓練の結果我々は、規則の表現に対し、解釈無しに無媒介で、直接的に反応するのである。規則と行為の関係を、行為を規則の表現に対する反応として捉えるこのような考えは、「反応説」と言われてよいであろう。］［（図解Ⅳを参照。）］

［対話者は言う。］しかし、そのような答えでは、君はただ、両者の間の因果的結合を述べているだけであり、また、如何にして我々は今や道しるべに従うという事になったのかを説明しているだけであって、その記号に従うという事が本来何に於いて成り立っているのかを述べてはいない。――［ウィトゲンシュタインは言う。］そうではない。私はまた次のような事をも指摘したのである。人は、道しるべの恒常的使用、道しるべの慣習、が存在する限りに於いてのみ、道しるべに従うのである。［つまり、道しるべの慣習の無い所では、誰も道しるべを立てはしないし、誰も道しるべに従う訓練を受けはしない。したがって、人々が道しるべに従っている社会では、道しるべの慣習がある訳である。］（第一九八節）

［対話者が提示し、ウィトゲンシュタインが対話者とは別の理由で認めた］我々のパラドックスは、［対話者の形では］こうであった。規則は行為の仕方を決定出来ない、何故なら、如何なる行為の仕方も［何らかの解釈によって］その規則に一致させられ得るから。そして［対話者の

図解Ⅰ

対話者：解釈説で、こう言う。

規則 ―― 解釈$_1$ ―― 行為$_1$

規則 ―― 解釈$_2$ ―― 行為$_2$

したがって、規則は行為の仕方を決定出来ない。

図解Ⅱ

ウィトゲンシュタイン：解釈説ではこうなる、と言う。

規則 ―― 解釈$_1$ ―― 解釈$_2$ ―― 解釈$_3$ ――

規則は、解釈を幾ら重ねても意味は不定のまま残る。

したがって、規則は行為の仕方を決定出来ない。

図解Ⅲ

対話者：解釈説ではこうなる、と言う。

規則 ―― 解釈$_1$ ―― 解釈$_2$ ―― 解釈$_3$ ―― 行為$_1$

規則 ―― 解釈$_4$ ―― 解釈$_5$ ―― 解釈$_6$ ―― 行為$_2$

したがって、規則は行為の仕方を決定出来ない。

図解Ⅳ

ウィトゲンシュタイン：反応説を提唱し、こう言う。

規則の表現 ―― 反応 ―― 行為

→　　　┌→

(訓練)
(慣習)

理由に対するウィトゲンシュタインの反論に対する対話者の」答えは、こうであった。［「だからこそ、たとえ私が何を為そうと、私が為した事はその規則に［、上手に解釈に次ぐ解釈を連ねてゆけば、］一致させられ得るのではないか。」］［ウィトゲンシュタインは言う。］［しかし］もし［そうであるとすれば、即ち］、如何なる行為の仕方もその規則に［、上手に解釈に次ぐ解釈を連ねてゆけば、］一致させられ得るのならば、如何なる行為の仕方もその規則に［、別様に解釈に次ぐ解釈を連ねてゆけば、］一致しないようにもさせられ得るのであり、それ故［結局］ここには、一致も不一致も存在しない事になる。［（図解Vを参照。）］

［しかし、「ここには一致も不一致も存在しない」と言うとすれば、］そこには、［「規則に従う」という事についての］誤解がある。この事は、我々はその思考過程に於いて――それぞれの解釈が、その背後に再び或る解釈を考える迄は、少なくとも一瞬は我々を安心させるかの如くに――解釈に次ぐ解釈をしている**という事の中に、既に示されている。この事を通して我々が示す事は、こうである。規則の或る把握があるが、それは、規則の解釈ではなく、規則のその都度の適用に於いて我々が「規則に従う」［（一致）］と言い「規則に反する」［（不一致）］と言う事の中に現れるものである。［したがって「ここには一致も不一致も存在しない」と言う事は誤りなのである。］［（図解VIを参照。）］

それ故、［規則の把握は、「規則に従う」という行為の中に現れる、という意味で、］規則に従

図解V

ウィトゲンシュタイン：解釈説ではこうなる、と言う。

規則 ―― 解釈$_1$ ―― 解釈$_2$ ―― 解釈$_3$ ―― 行為（一致）

規則 ―― 解釈$_4$ ―― 解釈$_5$ ―― 解釈$_6$ ―― 行為（不一致）

したがって、規則と行為には、一致も不一致も存在しない。

図解VI

ウィトゲンシュタイン：反応説ではこうなる。

規則(の表現) ―― 反応 ―― 行為$_1$（我々が「規則に従う」と言う）

規則(の表現) ―― 反応 ―― 行為$_2$（我々が「規則に反する」と言う）

したがって、規則と行為には、一致／不一致が存在する。

図解VII

解釈説 ―― コペルニクス的転回 ―― 反応説

図解VIII

ウィトゲンシュタイン：反応説ではこうなる。

規則(の表現) ―― まさに ―― 行為

（事前の正当化、理由、根拠無しに）

規則は行為の仕方を決定出来ない。

(「ウィトゲンシュタインのパラドックス」)

事前の正当化無しの行為は、しかし、

不当ではない／全く正当である。

(事後に不当ではない／全く正当であるとされる。)

ここで共同体の存在が不可欠として要請される。

う行為はすべて解釈である、と言う傾向が存在するのである。しかし人は、規則の表現を他の表現で置き換える事のみを、「解釈」と呼ぶべきなのである。（第二〇一節）

したがって、「規則に従う」という事は、［解釈に基づく実践ではなく、規則の表現に対する反応としての］実践なのである。そして、規則に従うと信じる事は、規則に従う事ではない。それ故、人は規則に「私的に」従う事は出来ない。何故なら、さもないと、規則に従うと信じる事が、規則に従う事と同じ事になろうから。（第二〇二節）

ウィトゲンシュタインは、「解釈説」を否定し、「反応説」を提唱した。それによれば、我々は、規則に対してではなく、規則の表現に対して解釈無しに無媒介で直接的に反応するのであり、そしてその反応としての行為が、「規則に従う」と言われるならば、それが「規則に従う」という事なのである。そして、或る人が或る規則をどう把握しているかは、その人のその規則の表現に対する反応としての行為に於いて示される、という訳である。解釈説からこの反応説への転換は、まさに〈コペルニクス的転回〉なのである。何故なら、解釈説では、或る人の或る規則の把握（解釈）が、その人の行為を決定すると考えているのに対し、反応説では逆に、或る人の「規則に従う」という行為が、その人がその規則をどう把握しているのかを決定するのだ、と考えるのであるから。（図解Ⅶを参照。）

それでは反応説では、そもそも何が行為を決定するのか。それに対するウィトゲンシュタインの答えは、何ものも行為を決定しない、というものである。そして、ここにこそ本来の意味での「ウィトゲンシュタインのパラドックス」があるべきなのである。『探求』に於いて、彼はこう言っている。（図解Ⅷを参照。）

「如何にして私は規則に従う事が出来るのか？」――もしこの問が、原因についての問いでないならば、この問いは、私が規則に従ってそのように行為する事についての、「事前の」正当化への問である。

もし私が「事前の」正当化をし尽くしてしまえば、そのとき私は、硬い岩盤に到達したのである。そしてそのとき、私の鋤は反り返っている。そのとき私は、こう言いたい。「私はまさにそのように行為するのである。」（第二一七節）

私が規則に従って行為するとき、結局は「まさに（eben）」そのように行為するのである。そこには、事前の正当化も理由も根拠も存在しない。したがって、その意味で、規則は行為の仕方を決定出来ない、のである。

この論点をクリプキは、語の使用という行為の場面で、こう言っている。

ウィトゲンシュタインは（『探求』の第二八九節に於いて）言っている。「或る語を［事前の］正当化（Rechtfertigung）無しに使用するという事は、その語をzu Unrechtに使用するという事を、意味しない。」この「zu Unrecht」に関するアンスコムの翻訳は、首尾一貫していない。『探求』の翻訳に於いては、その第二八九節に於いて、彼女はそれを「without right（正当な権利無しに）」と訳している。しかし『数学の基礎に関する考察』の翻訳に於いては、ほとんど同じドイツ語の文章が出て来る第V部の第三三節（第3版では第VII部の第四〇節）に於いて、彼女はそれを「wrongfully（不当に）」と訳している。……しかしウィトゲンシュタインが「zu Unrecht」によって意味している事は、［事前の］独立な正当化無しに或る語を使用する事は、その語の「wrongful（不当な）」使用である必要は無い、という事であるように思われる。ところが実際には、ある場合には、［事前の］独立な正当化無しに或る語を使用するという事は、不当な使用である必要は無いどころか、全く正当なのである、という事こそ、我々の言語の働きにとって本質的なのである。（p.74、一四四―一四五頁）

ここで言われている事は、ウィトゲンシュタインによれば、事前の正当化無しの行為は不当な行為ではないのであり、クリプキによれば、事前の正当化無しの行為は全く正当な行為なのである、という事である。行為は、事前には正当化も理由も根拠も無しに、「まさに」行われるのであり、それでよいのである、という訳である。言い換えれば、事前には、何ものも行為の仕方を決定しない、否、決定出来ない、というのである。したがって当然、規則は行為の仕方を決定出来ない、のである。

それでは、そのような「まさに」行われる行為が「不当な行為ではない」と言われ、「正当な行為である」とさえ言われるのは、何によってであるのか。或る人が或る行為を事前の正当化無しに「まさに」行うとき、勿論その人は、その行為が正当なものである事を信じているであろう。しかし、本人がいくら信じていても、その行為は正当化されはしない。しかし、その行為を見ていた人々がみな、自分もそうする、と言えば、その限りに於いて、その行為は「不当ではない」とされるのである。即ち、事前の正当化無しの行為が、事後に於いては、正当化無しではない事になるのである。そして、そのためには、共同体の存在が不可欠なのである。

このような規則把握の考え――反応説――が腑に落ちない人は、ここで「行為」と言うとき、そこで意味されているのは「主体的な」実践であり、行為であって、他人のそれを外から対象化して眺めているのではない、という事を心に留めなくてはならない。確かに、規則が行為の仕方を決定するという事は有り得る。しかしそれは、他人の行為を第三者として客観的に眺めているとき、なのである。この点については、ウィトゲンシュタインは次のように言っている。

我々は確かに「移行は代数式……によって決定される」という表現を用いる。それでは、この表現は如何に用いられるのか？――この事に関しては、例えば我々は、次のように言う事が出来る。「人々は、皆が、同じ数xには常に同じ数yを計算して出すよう、代数式$y=x^2$を用いるように、教育（訓練）されるのである。」或いは我々は、こうも言う事が出来る。「……これらの人々に対しては、命令「＋３」は、或る数から次の数への移行を、完全に決定するのである。」（『探求』第一八九節）

しかし、他人からは確かにそう見えようとも、例えば「＋３」という命令に従っている当人は、やはり「まさに」計算をし、「まさに」答えを出しているのである。なお、規則と命令が似た種類のものである事は、明らかであろう。（『探求』第二〇六節を参照の事。）

さて、以上のようであるとすれば、反応説に於いては、「規則は行為の仕方を決定出来ない」と言われる「ウィトゲンシュタインのパラドックス」は、実はパラドックスではなく、当然の事実である事になる。それは、よく見れば、論理的に必然的な事実なのである。それでは、何故人々は「規則は行為の仕方を決定出来ない」という事実にパラドックスを感じるのか。それは、人々の心に「規則は行為の仕方を決定出来る」という主知主義的な考えが潜んでいるからであろう。そして、このような考えは幻想なのである。なお、ここで言う「主知主義的な考え」とは、知性が行為――もっと広くとれば、生活――を規定する、という考えである。

以上の様であるとすれば、実は、「規則は行為の仕方を決定出来ない」という「パラドックス」には、二種類ある事になる。解釈説に基づくパラドックスと、反応説に基づくパラドックスである。しかしウィトゲンシュタインは、解釈説を採らず、反応説を採った。したがって彼は、解釈説に基づくパラドックスを否定し、反応説に基づくパラドックスのみを、端的な論理的事実として認めるのである。しかし実は、不幸にも、彼自身がこの事を自覚してはいなかったと思われる。そのうえパラドックスとして、マルカムとマックギンは解釈説に基づくパラドックスを考え、単純にそれを誤解であるとして片付け、クリプキはウィトゲンシュタインの議論の中に、反応説に基づくパラドックスを見て取って、それを高く評価したのではないか。かくして「ウィトゲンシュタインのパラドックス」と言われるものの議論に関しては、様々な混乱が生じたのである。

なお、「反応説」は「実践説」と言われる事がある。しかし「解釈説」の解釈に対応するのは反応であり、実践ではない。したがって、ここでは「反応説」という言葉を用いたのである。「反応説」こそ、ウィトゲンシュタインの行為論――「言語行為」を含めた意味での行為論――の核心なのである。

＊「たとえ私が何を為そうと、それでもそれは、何らかの解釈によって、その規則に一致させられ得る」という事について。例えば、0から始めて「＋2」という規則で数列を展開する場合、私は1000の次に1004と書いたとする。しかしこの行為は、「＋」を「プラス」ではなく「ブラス」であると解釈する事によって、規則「＋2」に一致させられ得るのである。ここに「ブラス2」とは、1000までは「プラス2」と同じ計算をし、1000を越えてからは、「プラス2」をだぶらす、という計算をする事なのである。

＊＊「解釈に次ぐ解釈をしている」という事について。例えば、規則「＋2」を、先ず「十進法」と「加法」で解釈する。次に「十進法」を、「乗法」と「加法」で解釈する。次に「乗法」と「加法」を、「並べる」と「数える」で解釈する。……。勿論、これとは別の解釈もあり得る。そして、それらの過程は、何れ行き止まりにならざるを得ない。そしてこの事は、次に述べられるように、解釈にはよらない規則の把握が無くてはならない、という事を示しているのである。

参考書

Saul A. Kripke, *Wittgenstein on Rules and Private Language——An Elementary Exposition——*, Basil Blackwell, 1982; ソール・A・クリプキ著、黒崎宏訳『ウィトゲンシュタインのパラドックス——規則・私的言語・他人の心——』産業図書、一九八三（第2章）

Colin McGinn, *Wittgenstein on Meaning——An Interpretation and Evaluation——*. Basil Blackwell, 1984; コリン・マックギン著、植木哲也・塚原典央・野矢茂樹訳『ウィトゲンシュタインの言語論——クリプキに抗して——』勁草書房、一九九〇（第2章）

Norman Malcolm, *Nothing is Hidden——Wittgenstein's Criticism of his Early Thought——*, Basil Blackwell, 1986；ノーマン・マルカム著、黒崎宏訳『何も隠されてはいない——ウィトゲンシュタインの自己批判——』産業図書、一九九一（第9章）

3　「私的言語論」批判

先ず、「私的言語」とは如何なる言語であるかを、明らかにしなくてはならない。ウィトゲンシュタインは、『探求』においてこう言っている。（図解Ⅰを参照。）

次のような言語［——これが「私的言語」と言われるものである——］も考えられるであろうか？それは、或る人の自分の内的体験——彼の［感覚、］感情、気分、等々——を、自分独りで使用するために記録し、或いは、言語表現する事が出来る言語、である。——これに対しては、我々は、そのような事ならば、我々の日常言語で出来ないであろうか、と言われるであろう。［勿論、出来る。］——しかし、私が言わんとする事は、その事ではない。私が考えている言語［(私的言語)］の語は、話者のみが知り得るものを、［具体的に言えば、］話者の直接的で私的な感覚［、感情、気分、等々］を、指示すべきものなのである。［そして、その私的な感覚、感情、

図解Ⅰ

私的体験（感覚、感情、気分、等）
［他人は持ち得ず、私のみが持ち得る体験］

＝

〈イタミ〉—— 結合 —— 自然な表出（泣き叫ぶ）

①指示する　意味する　　　②指示する　意味する

「痛い！」

①私的言語［他人は理解し得ず、私のみが理解し得る言語］

——————「指示する」＝「意味する」

②行動主義言語

（私的言語論者＝独我論者は、他人に対しては行動主義者；逆も真）

気分、等々、がその語の意味である、と考えられるのである。」それゆえ他人は、この言語を理解出来ないのである。（第二四三節b）

それでは「私的（な）感覚」とは何か？ 彼は、こう言っている。

さて、如何なる意味で私の感覚は私的であるのか？——これに対しては、さよう、私のみが、私が実際に痛みを持っているか否かを、知り得るのであり、他人はその事を単に推測し得るのみである、と言われるかもしれない。——しかし、この答えは、或る意味では偽であり、或る別の意味では無意味である。我々が「知る」という語を、それが通常の仕方で用いられるように、用いるならば、（そうでなければ、我々はそれをそれ以外の如何なる仕方で用いよ、というのか！）他人は非常にしばしば、私が痛みを持っているとき、その事を知るのである。〔単に推測するのではなく、知るのである。したがって、先の言明は偽なのである。〕――これに対しては、また、次のように言われるかもしれない。それはそうである。しかしそれでも、私が痛みを持っているとき、他人がその事を知るのは、私自身がその事を知る確かさをもって、ではない！――〔しかし、ここには混乱がある。何故なら、〕人は私に対し、（例えば、冗談ならば別であるが、）私は、私は痛みを持っている、という事を知っている、などと言う事は、そもそも出来ないのであるから。私は、私は痛みを持っている、という事を知っている、という事は、――例えば、私は痛みを持っている、という事以外に――一体何を意味すると言うのか？〔何も意味し得ない。したがって、先の言明は無意味なのである。〕（第二四六節a）

私は私の感覚を、…まさに持っているのである。（第二四六節b）

以下は正しい。他人について、彼は私が痛みを持っているか否かを疑っている、と言う事は無意味ではない。しかし私について、私は私が痛みを持っているか否かを疑っている、と言う事は無意味である。（第二四六節c）

それゆえ、私は私が痛みを持っているという事に確信がある、と言う事も無意味なのである。私は痛みを持っている、そして、他人は私の痛みを持つ事が出来ない。これが、根源的事実なのであり、

図解II

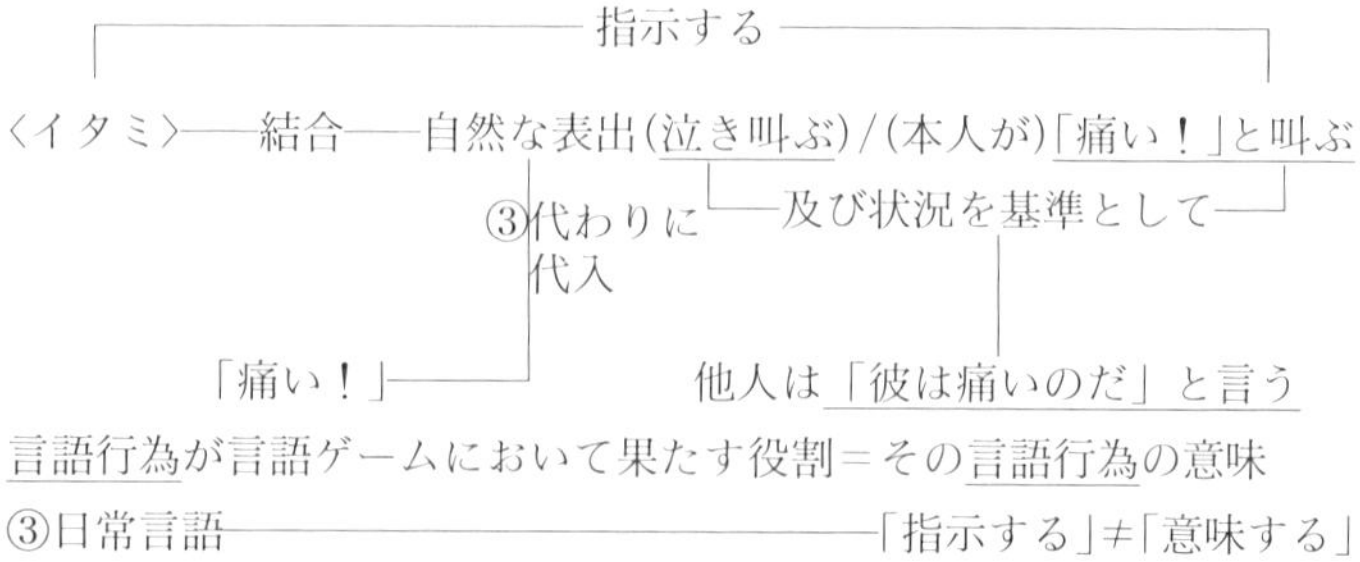

「私の感覚は私的である」という事の意味である。即ち「私的（な）感覚」とは、他人は持ち得ず、私のみが持ち得る感覚なのである。したがって「私的言語」とは、他人には感じられない話者の感覚を指示する語、そして、その話者の感覚がその語の意味である、と考えられる語、によって構成される言語、なのである。それ故一般的に言えば、「私的言語」とは、他人には理解し得ず、私のみが理解し得る言語、なのである。*

そこで問題は、「指示する」とは如何なる事か、という事である。ウィトゲンシュタインは、先ずこう言う。（図解IIを参照。）

それでは、如何にして語は感覚を指示するのか？——ここには何の問題もないように思われる。何故なら、我々は常日頃から［日常言語で］感覚について語り、そして、感覚について名前を言っているのであるから。しかし、［日常言語においては、］感覚の名前とそれによって名付けられるもの［（感覚）］の結合は、如何にして確立されるのか？この問題は、人間は感覚の名前の

［――例えば、「痛み」という語の――］意味を如何にして学ぶのか、という問題と同じである。この問題に答える一つの可能性は、こうである。語が、感覚の根源的で自然な表出と結合され、そして、その表出の代わりに使われる。例えば、或る子供が怪我をして、泣き叫ぶ。［これは、痛みの根源的で自然な表出である。］そうすると、大人たちは子供に声をかけ、そして、まず子供に［「痛い！」といった］叫びの言葉を教え、後には［「ここが痛い」といった］文章を教える。大人たちは、その子供に、［痛みの根源的で自然な表出の代わりに、「痛い！」とか「ここが痛い」といった言葉による］新しい痛みの振舞を教えるのである。（第二四四節a）

［対話者は言う。］「それでは君は、「痛み」という語は実は痛みの根源的で自然な表出である泣き叫びを意味している、と言うのか？」――［もし、そう言うとすれば、行動主義になるが、］［ウィトゲンシュタインは言う。］とんでもない。痛みの言語表現［――例えば、「痛い！」とか「ここが痛い」――］は、泣き叫びの代わりをするのであって、泣き叫びを記述するのではない。［それはまた、痛みを記述するのでもない。それは、泣き叫びが痛みを記述するのではないのと、同様である。］（第二四四節b）

そうであるとすれば、「痛み」という語は痛みの感覚を指示する、という事は、「痛い！」とか「ここが痛い」とかいった言語表現が痛みの感覚の自然な表出の代わりをしている、という事によって行われるのである、という事になる。しかしそう言えるのは、実は、感覚に自然な表出が有る場合であって、したがって、日常言語が用いられる場合、なのである。

それでは、感覚の自然な表出が無い場合はどうであろう。実は、この場合が私的言語が問題にならざるを得ない場合、なのである。ウィトゲンシュタインは、以下のように言っている。

「もし人間がその痛みを表出しない（即ち、呻かない、顔を歪めない、等々、）とすれば、どうであろう。この場合には、人は子供に「歯痛」という語の使用を教える事が出来ないであろう。」――さて、その子供が天才であり、痛みに対して名前を自ら発明すると仮定しよう！――しかしそうすると、勿論、その子供はその発明した語で自分の痛みを他人に分からせる事は出来ないであろう。――かくしてその子供は、その名前を理解しているとしても、しかし、その意味を誰にも説明出来ないのではないか？――しかしそうすると、彼は「自分の痛みに名前をつけた」という事は、どういう事なのか？――如何にして彼は、痛みに名前をつける、という事を行ったのか!?そして、たとえ彼が何をしようと、それは如何なる目的のためなのか？（第二五七節a）

［（図解Ⅲを参照。）］

［例えば、］以下のような場合を想像しよう。私には或る感覚が［表出無しに］繰り返し起こるので、私はそれの日記をつけようと思う。そのために私は、その感覚に記号「E」を結合し、

図解III

〈イタミ〉　　　　記号「E」を唱えて、〈イタミ〉を
　　　　　　　　　(内的に)指示する(注意を集中する)＝意味する
①指示する　　　　　　　　　　‖
意味する　　　　　(名前)「E」を発明(直示定義)する＝儀式
――結合――「E」

図解IV

〈イタミ〉と「E」の結合を私自身に刻印する。
└― 正しく思い出す規準無し。

私に正しいと思われるものは正しいのだ。

事後的な正当化無し＝「正しい」という事については語られ得ない。

「E」は定義出来ない＝私的言語は論理的に不可能である。

［その感覚を「感覚E」と名づけ、］そして私は、その感覚を持った日には、いつでもカレンダーにその記号を書き込むのである。――ここで先ず私は、［その感覚は表出無しに起こるのであるから、］その記号の定義を［表出を手掛かりにして］行う事は出来ない、という事に注目したい。――とはいえ私はその定義を、私自身に対してならば、一種の直示定義として与える事が出来るのではないか！［と言われよう。］では如何にして出来るのか？［一体］私はその感覚を指示出来るのか？――確かに、通常の意味に於いては、出来ない。しかし、私がその記号を口に出して言い、或いは書き記し、そしてそのさい私が、私の注意をその感覚に集中する、――かくして私は、言わば、内的にその感覚を指示する［事によって、一種の直示定義を与える］のである。これなら可能ではないか？――［そう言われるかもしれない。］それでは、この［直示定

義を与える」儀式は何のためか？何故なら、そのような事は儀式としか見えないから！定義というものは、何であれ、記号の意味を確立するものなのである。〔それなのに、そのような直示定義では、記号の意味は確立しないであろう。〕――いや、記号の意味の確立は、まさに、〔その記号を口に出して言い、或いは書き記し、そしてそのさい私が、私の〕注意を〔その感覚に〕集中する事によって起こるのである。何故なら私は、〔そのような〕注意の集中によって、その記号と感覚の結合を私自身に刻印するのであるから。〔（図解Ⅳを参照。）〕――〔そうであろうか。〕「私はその記号と感覚の結合を私自身に刻印する」という事は、もしそれが何かを意味し得るとすれば、ただその出来事は、私は未来に於いてその結合を正しく思い出す、という事をもたらす、という事を意味し得るだけなのである。しかしこの場合、私はその正しさについての規準を持ってはいない。ここで人は言うかもしれない。何はともあれ、私に正しいと思われるものは、正しいのだ。しかしこの事はただ、ここに於いては「正しい」という事については語られ得ないのだ、という事のみを意味しているのである。（第二五八節a）

したがって、記号「E」は、直示的であれ何であれ、定義出来ないのである。そしてこの事は、私的言語は論理的に不可能である、という事を物語っている。

さらにウィトゲンシュタインは、次のようにも言う。

［対話者は言う。］「とはいえ、私はこれはまたしても感覚Eである、と信じている。」――［ウィトゲンシュタインは言う。］君は、それを確かに信じている、という事を信じているのだ！（第二六〇節a）

［対話者は言う。］それでは、記号「E」をカレンダーに書き込んだ人は、全く何も書き留めてはいなかったのか？――［ウィトゲンシュタインは言う。］そのとおりである。或る人が記号を――例えばカレンダーに――書き込むとき、彼は何かを書き留めているのだ、という事を、自明な事と見てはいけない。書き留めるという事には、或る機能があるが、しかし記号「E」を書き込んだだけでは、未だ何の機能もないのである。（第二六〇節b）

「E」を、或る感覚についての記号である、と呼ぶ事に、我々は如何なる根拠を有するのか？というのは、「感覚」という語は、私にだけ理解可能な言語［（私的言語）］の語ではなく、我々の共通言語［（公的言語）］の語なのであるから。したがって「感覚」という語の使用には、万人が理解する正当化が必要なのである。［したがって、「E」を、或る感覚についての記号である、と呼ぶ事には、如何なる根拠もないのである。］――そして、「E」が結合しているものは感覚である必要はない。もし彼が「E」と書けば、彼は何かを持っているのである、――そして、我々はそれ以上の事を言う事は出来ない、と言っても、何の助けにもならないであろう。何故なら、かく言うとき、しかし「持っている」とか「何か」とかいう語もまた、共通言語に属するのであるから。――そういうわけで人は、哲学してゆくと、具体的には、「E」を、或る感覚についての記号である、と呼ぶ事の根拠を求めてゆくと、結局は、そこに於いては人はただ分節化されない音［(ドイツ語では「エー」)］を発するであろうような事態に、至るのである。――しかしそのような音は、或る一定の言語ゲームに於いてのみ、何かの表現なのである。かくして今や、その一定の言語ゲームが記述されねばならないのである。（第二六一節a）

したがって「私的言語」なるものは、それ自体では言語であるとは言えないが、或る一定の言語ゲームの中に位置づけられるならば、公的言語になるのである。そしてこの論点は、ウィトゲンシュタインによって、記号「E」を例にして、次のように言われるのである。（図解Vを参照。）

ここで我々は、日記への記号「E」の書き込みの応用について、考えよう。私は以下のような経験をした、としよう。私が或る一定の感覚を持つときは、［したがって、私が日記へ記号「E」を書き込むときは、］いつでも、血圧計は私の血圧が上がっている事を示している。さて、そうであるとすれば私は、私の血圧の上昇を何らの道具をも借りずに告げる事が出来る、という事になる。［そして他人は、私の日記への記号「E」の書き込みを、私の血圧の上昇を示すものとして、使う事が出来るのである。］これは、有用な結論であ［り、有用な言語ゲームであ］る。そ

図解Ⅴ

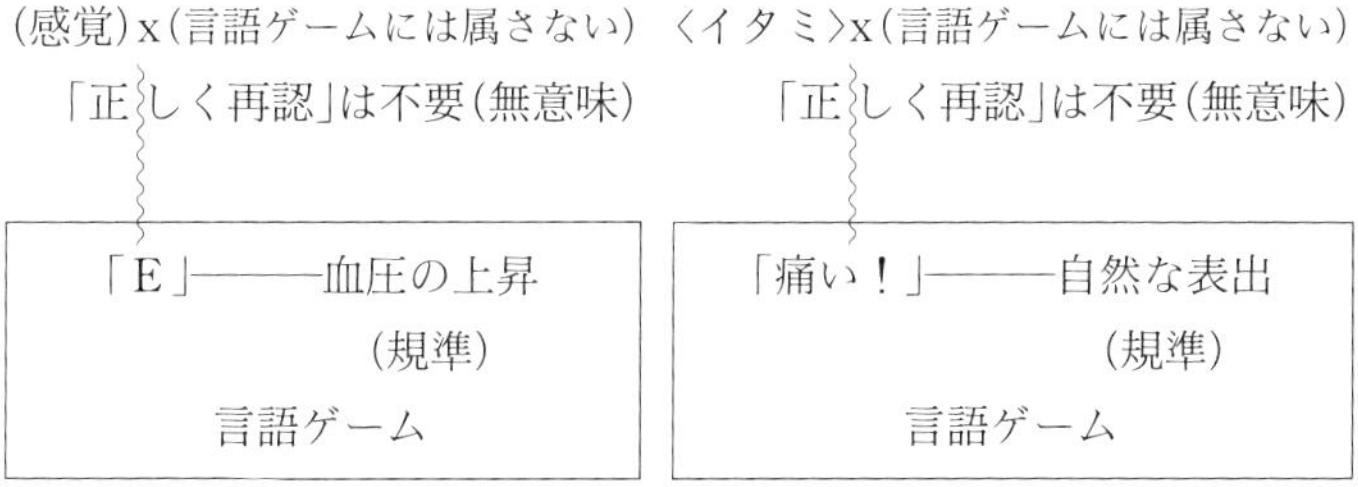

図解Ⅵ

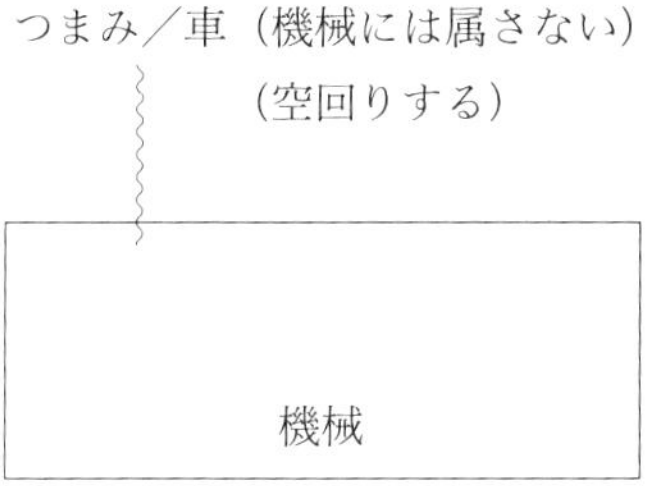

して今やここに於いては、私がその感覚を正しく再認していたか否かという事は、「――実はそのような事は、記号「E」が私的言語であるならば、本来無意味であるはずであるのだが――」全くどうでもよい事であるように思われる。たとえ我々が、私は常にその感覚を間違って同定しているのだ、と仮定しても、全く問題にならない。そして既にこの事は、この仮定には実質が無い、という事を示しているのである。(「実質が無い」という事については、次のような例を考えてみよう。我々が或るつまみをまわした、としよう。そのつまみは、それによって人は機械の或る部分が調節出来るかの如く

に、見えるのである。しかしそれは、単なる飾りであり、その機械の機構とは全く無関係だったのである。そのつまみには、実質が無かったのである。）（第二七〇節ａ）［（図解Ⅵを参照。）］

記号「Ｅ」は、もともとは、私的言語である。しかし、或る一定の感覚を持つ事、そして、記号「Ｅ」を書き込む事、と血圧の上昇の間には、一定の関係が発見されたのである。即ち、或る一定の感覚を持つ事は私に、そして、記号「Ｅ」を書き込む事は他人に、私の血圧の上昇を告げるという機能が有ったのである。ここで大切な事は、血圧の上昇は、もともとは、例の或る一定の感覚を持つ事の「徴候」であった、という事である。しかし、今や「私は常にその感覚を間違って同定しているのだ」と仮定しても、その仮定には実質が無い事が、自覚されたのである。そしてこの事は、記号「Ｅ」の使用の正しさは、血圧の上昇によって判定される事が出来る、という事なのである。そして実際、血圧の上昇が、例の或る一定の感覚を持つ事の「規準」になるのである。かくして、ここに一つの言語ゲームが成立し、記号「Ｅ」は――「痛み」のような――公的言語になるのである。

それでは、ここに於いて我々は、「Ｅ」は或る感覚の記号である、と言う事に、如何なる根拠を有しているのか？その根拠は、おそらく、その記号がこの言語ゲーム［――血圧上昇との関係で用いられる記号「E」の言語ゲーム——」に於いて用いられるその仕方、である。——それでは、何故その感覚は、その上、或る「一定の感覚」であるとされるのか、したがってまた、何故毎回同じ感覚であるとされるのか？さよう我々は、我々は毎回「同じに」「E」と書く、と仮定しているからである。（第二七〇節b）

実は、毎回同じ感覚であるから、それを「E」であると解釈して、毎回同じに「E」と書くのではなく、逆に、とにかく毎回或る感覚を感じてそれに反応し、まさに同じに「E」と書くから、毎回同じ感覚である、とされるのである。

「或る人間を考えよう。彼は、「痛み」という語が何を意味するかという事を、記憶に留めておく事が出来ず、——したがって、常に何か或る別のものを痛みと呼んでいるのである。——しかし彼は、それにも拘わらず、「痛み」という語を痛みの通常の徴候および前提と一致するように、用いているのである！」——それゆえ彼は「痛み」という語を、我々みんなが用いるように、用いているのである。「即ち彼は、「痛み」という語を、我々みんなが用いている規準に合うように、用いているのである。」ここに於いて、私は言う事が出来よう。機械についている車で、人が回す事が出来る車、しかし、それによってその機械の他の部分が動かされない車、そのような車は

その機械には属していない。（第二七一節a）〔（図解VIを参照。）〕

「痛み」と呼ばれる何か或るものは、「痛み」の言語ゲームには属していない、というのである。我々にとって意義のあるものは、我々みんなが共有する「痛み」の言語ゲームであって、「痛み」と呼ばれる何か或るものではない、のである。（図解Vを参照。）

＊　実はウィトゲンシュタインは、こう言っているのである。

他人は誰も理解せず、しかし私は「理解していると思う」声を、人は「私的言語」と呼ぶ事が出来よう。（第二六九節）

そして勿論、本来はこう言われるべきなのである。何故なら、後に明らかになるように、私的言語の語は、直示的であれ何であれ、定義出来ないのであり、したがって、私的言語においては私は、そこにおける語については、せいぜい「理解していると思う」という事以上の事は言えないのであるから。それは、実は、語ではなく、声に過ぎないのである。後に出て来る例では、「エー」という声に過ぎないのである。

4　「〈イタミ〉の実在論」批判

先に述べたように、我々にとって意義のあるものは、「痛み」の言語ゲームであって、「痛み」と呼ばれる何か或るもの（対象）ではない。（図解Iを参照。）そもそも、そのようなもの（対象）は、「痛み」の言語ゲームには属していないのである。しかし、これは如何にも奇妙に思われよう。例えば私の〈歯痛〉は、誰が何と言おうと、厳然として私の歯に存在するのであって、「痛み」の言語ゲームを離れたこれ程明確な独立存在――実在――はないのではないか。そして、この私の〈歯痛〉こそ、「痛み」の言語ゲームの出発点であり、その厳然たる構成要素であって、その「痛み」の言語ゲームには属していない、などという事は、全く有り得ない事ではなかろうか。（図解IIを参照。）誰しも、そう思うのではないか。それ故、この思いは十分に批判検討されなくてはならない。この批判検討は、言わば、「〈イタミ〉の実在論」批判である。そしてこの「〈イタミ〉の実在論」批判は、同時に、「自我の非在」に対する最強の論証なのである。

先ず、「痛み」と呼ばれる何か或るもの（対象）は、「痛み」の言語ゲームを離れては存在しない、という事について、考えよう。

『探求』において、ウィトゲンシュタインは、対話者にこう言わせている。

「しかし、君の言う事は、例えば、痛みの振舞がなければ痛みは存在しない、という事にならないのか？」（第二八一節a）

対話者は、痛みの振舞が〈イタミ〉の存在根拠である、という主張（図解Ⅲを参照。）に、疑念を呈しているのである。

この疑念に答える道は、二つある。先ず第一に、確かに私は、弱い〈イタミ〉ならば、痛みの振舞が全くなくとも、持ち得る。しかし、強い〈イタミ〉の場合は、そうはいかない。（図解Ⅳを参照。）それは不可避的に私の振舞に表出されるのである。そして私は、その表出を通して、「痛み」という概念――「痛み」という語の使用――を教わるのであり、習得するのである。そしてそれ以後私は、その習得した「痛み」という概念を通して、世界を経験するのである。否むしろ、その習得した「痛み」という概念を通して、私に世界が自ずと立ち現れるのである。ここには、強い弱いの区別は存在しない。だからこそ私は、弱い〈イタミ〉の場合にも、痛みの振舞無しに、その〈イタミ〉を経験出来るのである。したがって、痛みの振舞がない〈イタミ〉というものも、確かに存在するのである。しかしそのような〈イタミ〉でも、それは、強い〈イタミ〉の表出を介して習得された「痛み」という概念を通して初めて〈イタミ〉であり得るのであり、したがってやはりその存在根拠は、結局は、痛みの振舞にあるのである。

図解Ⅰ

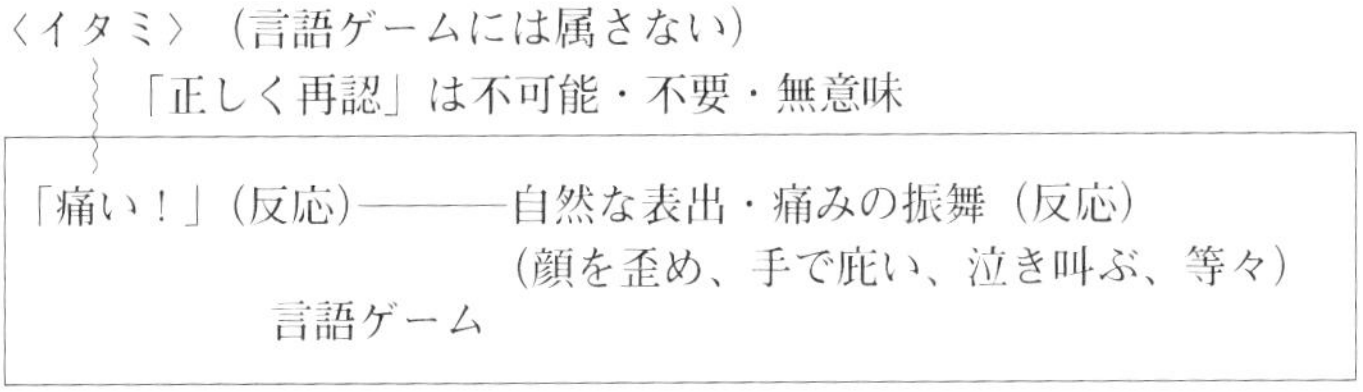
〈イタミ〉（言語ゲームには属さない）
「正しく再認」は不可能・不要・無意味
「痛い！」（反応）
自然な表出・痛みの振舞（反応）
（顔を歪め、手で庇い、泣き叫ぶ、等々）
言語ゲーム

図解Ⅱ

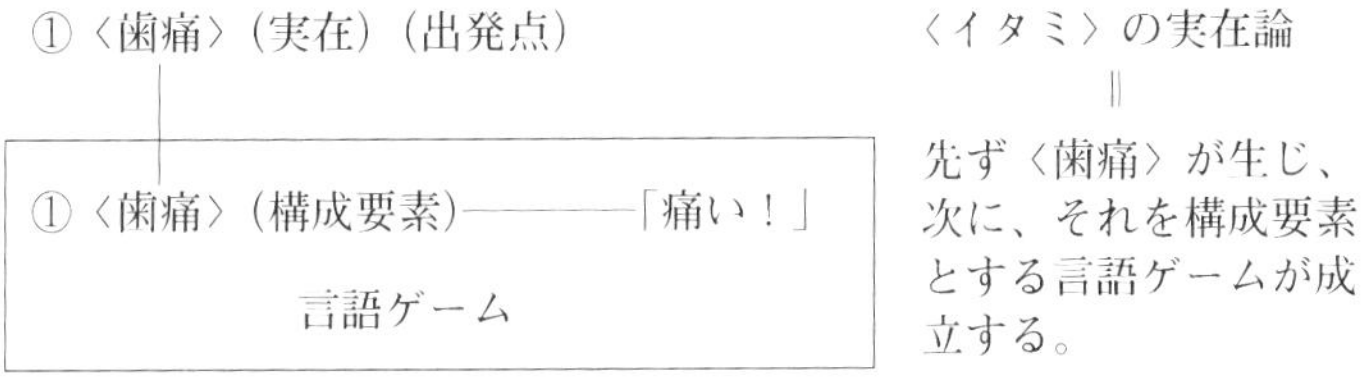
①〈歯痛〉（実在）（出発点）
①〈歯痛〉（構成要素）
「痛い！」
言語ゲーム
〈イタミ〉の実在論
‖
先ず〈歯痛〉が生じ、次に、それを構成要素とする言語ゲームが成立する。

図解Ⅲ

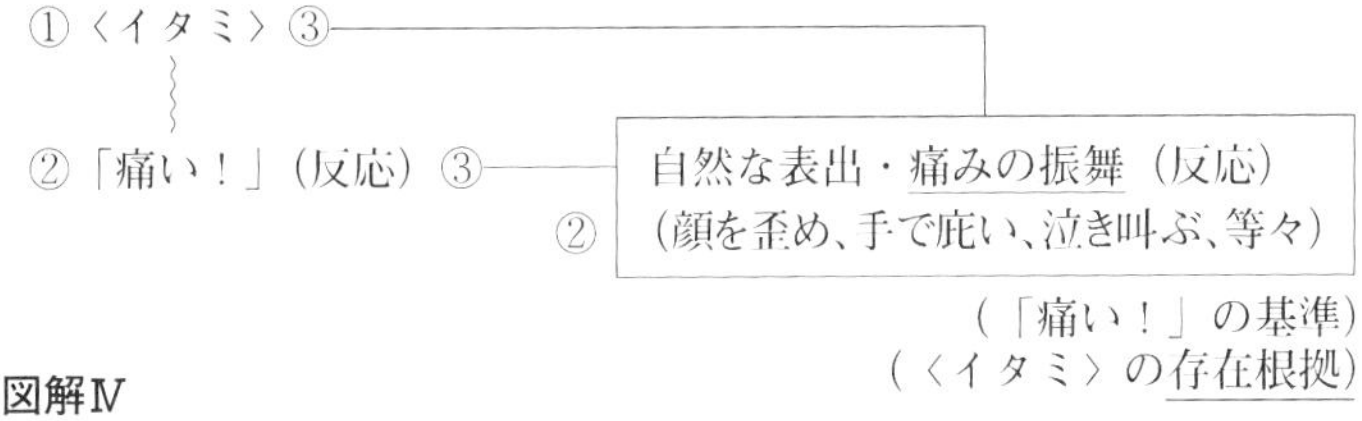
①〈イタミ〉③
②「痛い！」（反応）③
②
自然な表出・痛みの振舞（反応）
（顔を歪め、手で庇い、泣き叫ぶ、等々）
（「痛い！」の基準）
（〈イタミ〉の存在根拠）

図解Ⅳ

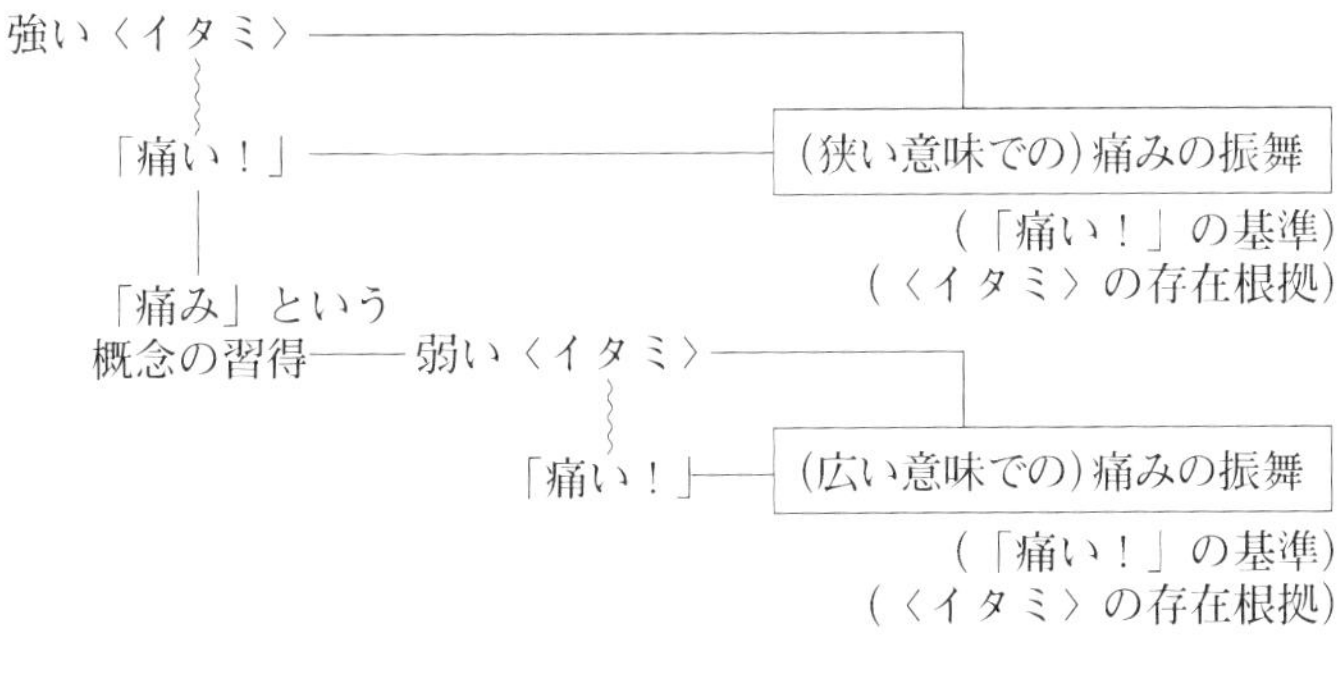
強い〈イタミ〉
「痛い！」
（狭い意味での）痛みの振舞
（「痛い！」の基準）
（〈イタミ〉の存在根拠）
「痛み」という概念の習得
弱い〈イタミ〉
「痛い！」
（広い意味での）痛みの振舞
（「痛い！」の基準）
（〈イタミ〉の存在根拠）

そして、第二には、こうである。痛みの振舞が全くないような弱い〈イタミ〉の場合、例えば、私がそのような弱い歯痛を持っている場合、しかし私は、堅い煎餅をバリバリ食べようとは思わないであろう。むしろ私は、痛い歯を使わないように注意し、〈イタミ〉が自然に治るのを待つか、医者に行って治療するであろう。すなわち、痛みの振舞が全くないような弱い〈イタミ〉の場合でも、私の生活にはそれなりの変化がもたらされるのである。その変化は、確かに、狭い意味では「痛みの振舞」とは言えないかもしれないが、しかし、歯痛にはそれなりに伴うものであり、広い意味では「痛みの振舞」と言ってよいであろう。そして、もしも私の生活に全く何の変化ももたらさない歯痛——しかも、私が全く気にもかけない歯痛——があるとすれば、そのような歯痛は、たとえ〈イタミ〉として感じられるとしても、私にとっては無いも同然な無意味な存在であろう。そうであるとすれば、狭い意味で痛みの振舞が全くないような弱い〈イタミ〉であっても、もしそれが存在すると言われるならば、私の生活にそれなりにもたらされた変化——広い意味での痛みの振舞——をも、その存在根拠にしているのである。

以上の様であるとすれば、私の〈イタミ〉は、結局のところ——広い意味での痛みの振舞を含めた意味での（以下同じ）——私の痛みの振舞を、その存在根拠にしているのである。

さて、私の〈イタミ〉は、私の痛みの振舞をその存在根拠にしているのであるとすれば、私の〈イタミ〉は、私の生活というものを〈場〉にして、初めて存在し得る事になる。そしてその〈場〉

は、言うまでもなく、私が関わる言語ゲームの世界である。したがって、言語ゲームの世界あっての私の生活であり、私の生活あっての私の〈イタミ〉なのである。一口で言えば、言語ゲームの世界あっての私の〈イタミ〉なのである。即ち、私の〈イタミ〉というもの（対象）は、言語ゲームを離れては存在しないのである。

その上、実は先に述べたように、私の〈イタミ〉というもの（対象）は、言語ゲームには属していないのである。次ぎにこの点を、なお一層明らかにしなくてはならない。

ウィトゲンシュタインは、有名な「かぶと虫の比喩」で、こう言っている。

人は皆自分自身についてこう語る。「私は、私自身の痛みからのみ、痛みの何たるかを知るのである！」［（図解Vを参照。）］――そこで、人は皆或る箱を持っている、としよう。［（図解VIを参照。）］その中には、我々が「かぶと虫」と呼ぶ或るものが入っているのである。しかし誰も他人のその箱の中を覗く事は出来ない。そして、皆、自分自身のかぶと虫を見る事によってのみ、かぶと虫の何たるかを知るのだ、と言うのである。――ここに於いて、人は皆夫々の箱の中に異なった物を持っている、という事も可能であろう。否、それどころか、箱の中の物は絶え間無く［不規則に］変化している、という事すら想像可能であろう。――さてしかし、このような人々に於ける「かぶと虫」という語が、それでも彼らに於いて、有効に使用されるとすれば、どうであろう？――そうであるとすれば、「かぶと虫」という語のその使用は、或る物の名前としての使用ではない。箱の中の物は、そもそも――或るものとしてすら――その言語ゲームには属さないのである。何故なら、その箱は空っぽですらあり得るのであるから。――その言語ゲームは、箱の中の物を素通りする事によって、「短絡させられる」事が可能なのである。箱の中の物は、たとえそれが何であれ、無くされ得るのである。

即ち、こうである。もし人が、感覚の表現の文法を「対象とその名前」というモデルに従って構成するならば、その対象は、無関係なものとして言語ゲームの考察から抜け落ちるのである。

（第二九三節）

この「かぶと虫の比喩」では、「かぶと虫」は〈イタミ〉の比喩であり、「箱」は体の比喩である。そして、「覗く」と「見る」は感じるの比喩である、と考えられる。（図解Ⅶを参照。）さて、この比喩が言わんとしている事は、感覚語――例えば「痛み」――の意味は、その語が指示する対象――〈イタミ〉――ではなく、言語ゲームにおけるその語の使用なのであり、したがって、その語が指示する対象〈イタミ〉は、「痛み」の言語ゲームの理解には必要ない、という事である。そしてこの事は、私の〈イタミ〉という対象は、「痛み」の言語ゲームには属していない、という事を物語っているのである。

図解Ⅴ

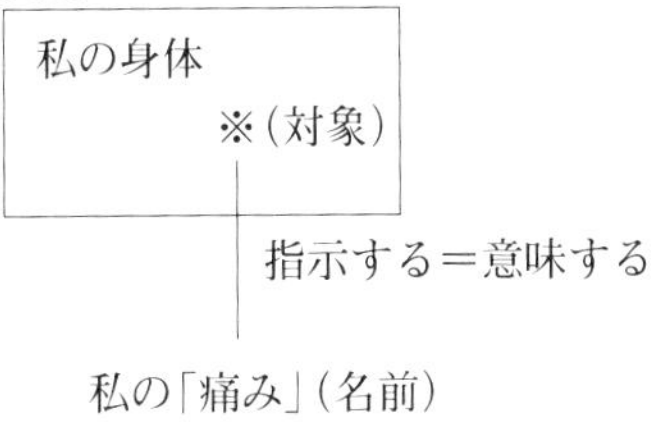
私の身体
※（対象）
指示する＝意味する
私の「痛み」（名前）

図解Ⅵ

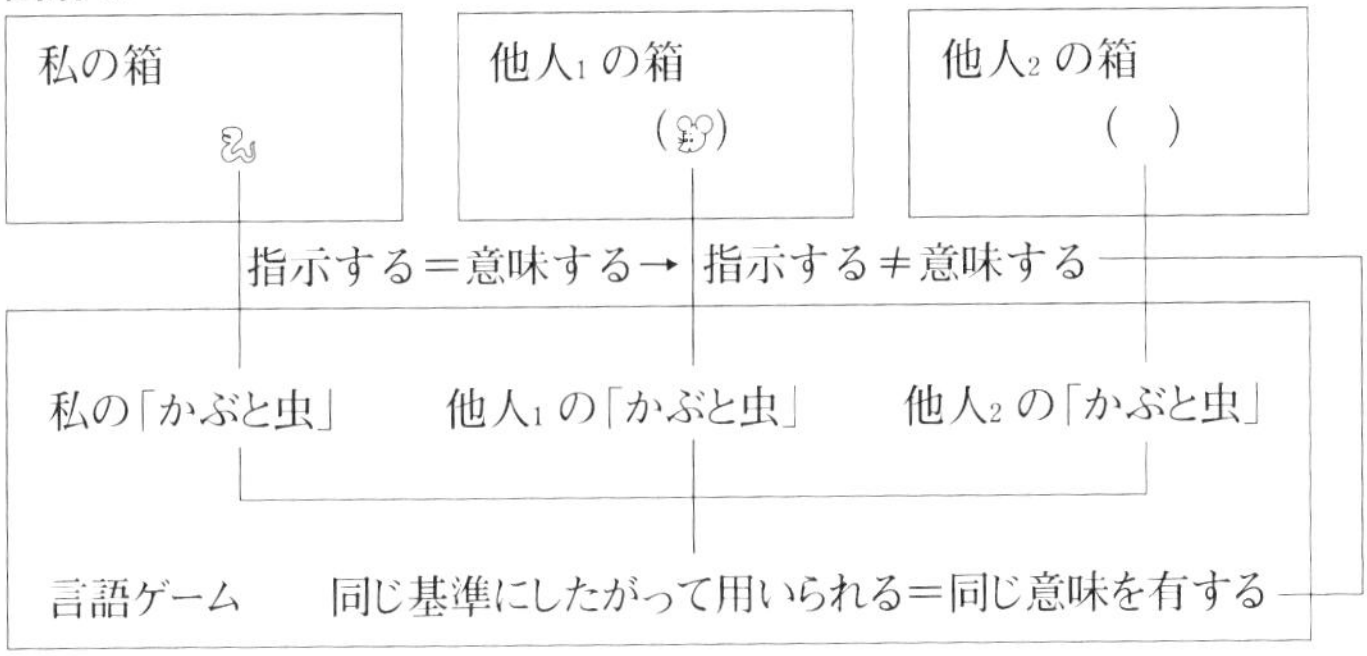
私の箱
他人₁の箱
他人₂の箱
指示する＝意味する→ 指示する≠意味する
私の「かぶと虫」
他人₁の「かぶと虫」
他人₂の「かぶと虫」
言語ゲーム
同じ基準にしたがって用いられる＝同じ意味を有する

図解Ⅶ

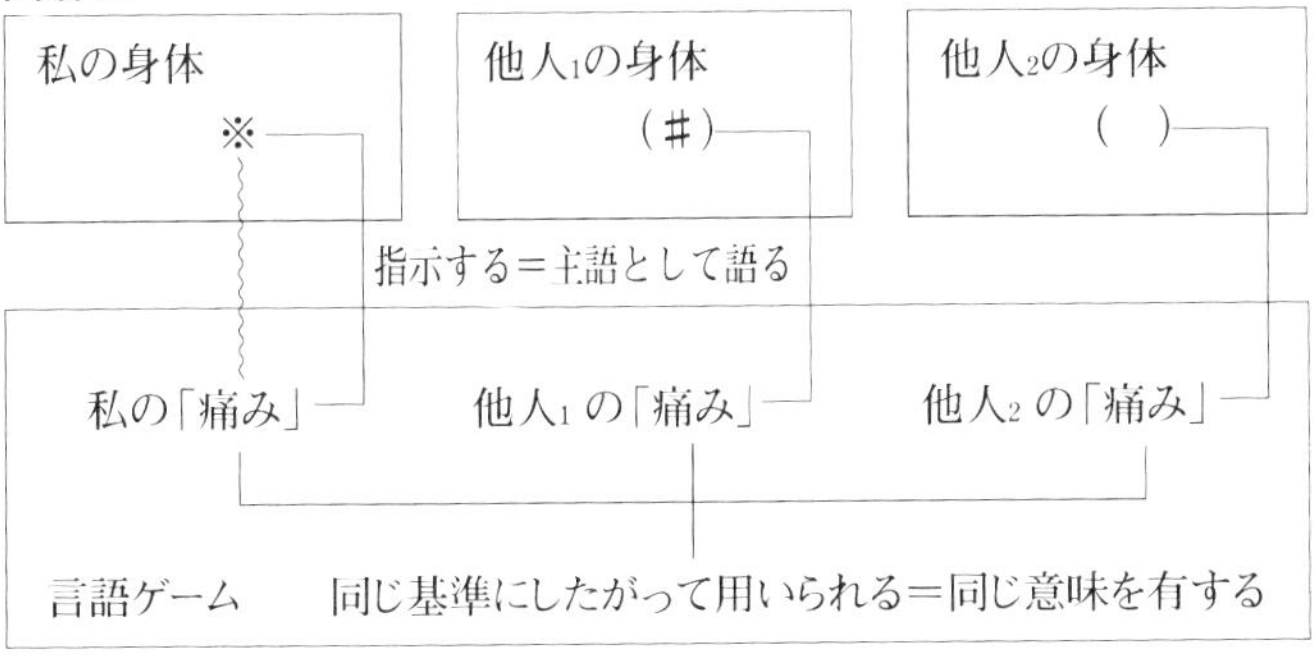
私の身体
※
他人₁の身体
（♯）
他人₂の身体
指示する＝主語として語る
私の「痛み」
他人₁の「痛み」
他人₂の「痛み」
言語ゲーム
同じ基準にしたがって用いられる＝同じ意味を有する

この様に、私の〈イタミ〉という対象は、「痛み」の言語ゲームを離れては存在せず、しかも、「痛み」の言語ゲームには属していないのである。私の〈イタミ〉という対象は、「痛み」の言語ゲームに対し、言わば、「不離不属」なのである。勿論ウィトゲンシュタインは、しばしばそう誤解されるのだが、私の〈イタミ〉といった「私的な感覚」は存在しない、と言っているのではない。私的な感覚は、感覚言語を用いる言語ゲームにおいて、その出発点として不可欠な役割を演じているのである。しかしそれは、感覚の言語ゲームを離れては存在出来ないが、しかし、感覚の言語ゲームには属していないのである。かつて私は、この辺の機微を、「必要な過剰」という概念を用いて言い表した。〈イタミ〉という対象は、「痛み」の言語ゲームにとっては、「必要ではあるが過剰」なのである。（拙著『言語ゲーム一元論』勁草書房、一九九七、八五―八七頁）*

ところで、この話は、「私的な感覚」についての話であり、私の〈イタミ〉についての話である。それでは、他人の〈イタミ〉についてはどうか。他人の〈イタミ〉に関わる言語ゲームは、如何に行われるのか。

ウィトゲンシュタインは、こう言っている。（図解Ⅷを参照。）

> 人は言うかもしれない。「彼は痛みを持っている」という言葉で行われる言語ゲームには、彼の振舞の像が属するのみならず、彼の痛みの像もまた属するのだ。或いは、「彼は痛みを持って

図解VIII

「彼は痛みを持っている」
　　振舞の像(範例)
　　痛みの像(範例)
　　　　≠
　　痛みの想像――(或る意味で)
　　　　＝
　　他人に成り代わっての私の〈イタミ〉の想像

像――比較――現物
肖像画――比較――本人

想像――比較――(現物)
想像画――比較――(現物)

いる」という言葉で行われる言語ゲームには、振舞の範例が属するのみならず、痛みの範例もまた属するのだ。――しかし、「「痛み」という語で行われる言語ゲームには、痛みの像が入り込む」と言う事は、誤解である。痛みの想像は痛みの像ではない。そしてこの想像は、この言語ゲームに於いては、我々が像と呼ぶであろう何か或るものによって置き換えられる事も出来ない。――確かに痛みの想像は、或る意味で、「痛み」という語で行われるこの言語ゲームに入り込む。ただしかし、像として、ではなしに。(第三〇〇節)

彼が言うには、「確かに痛み(〈イタミ〉)の想像は、或る意味で(in einem Sinn)、「痛み」という語で行われるこの言語ゲームに入り込む。ただしかし、像として、ではなしに」なのである。では我々は、この分かりにくい文章を如何に理解すべきか。

先ず第一に確認しておくべき事は、像と想像は違う、という事である。像には現物があり、現物との比較が可能でなくてはならないが、想像には現物が必要ではなく、したがって、現物との比較可能という事は不可欠の条件ではない。そして第二に確認しておくべき事は、私には、他人の〈イタミ〉は論理的に感じられない、という事である。そして、感じる事が論理的に不可能なものは、想像する事も論理的に出来ない、という事である。これに対し自分自身の〈イタミ〉ならば、感じる事が出来るし、想像する事も出来る。したがって、かの分かりにくい文章を如何に理解すべきかに関し、可能な答えの一つは、他人に成り代わって、自分の〈イタミ〉を想像する事ではないのか。「確かに痛み（〈イタミ〉）の想像は、或る意味で、「痛み」という語で行われるこの言語ゲームに入り込む」と言うときの「或る意味で」とは、「他人に成り代わっての私の〈イタミ〉の想像は、「痛み」という語で行われるこの言語ゲームに入り込む」という意味で、という事であろう。この論点は、大森荘蔵によって、彼の著作『物と心』（『大森荘蔵著作集』（岩波書店、一九九九）第四巻）の中で、こう言われている。

> 気遣っているその「人の痛み」とは実は自分が体験した痛みになぞらえた痛み［（仮に自分が体験した痛みであると考えた痛み）］ではないか。「人の痛み」ではなく「我が痛み」の想像ではないか。（二二六頁）

そしてクリプキによっては、彼の著作『ウィトゲンシュタインのパラドックス』（産業図書、一九八三）の中で、こう言われている。

　私自身痛みを経験し、そしてそれを想像する事が出来る私は、痛みにもだえている人の状況に私自身を想像的に置くことが出来る。……そして私が痛みにもだえている人に同情するとき、私は、「彼の状況に私自身を置き」、そこに、痛みがあり、痛みを表明している私自身を想像するのである。（二七一―二頁）

両者とも、その論旨は全く同じである。

　さて、他人の〈イタミ〉については、なお、言っておくべき事がある。それは、「推論説」は論理的に成り立たない、という事である。（図解Ⅸを参照。）ここに「推論説」とは、我々は他人の痛みを、他人の振舞と、私自身における痛みの感覚とその表出としての私の振舞の関係から、推論しているのだ、という説である。大森荘蔵は、やはり『物と心』で、こう言っている。

　多くの人が指摘してきたように、推論によって、という考えは成り立たない。推論の当否より前にその推論さるべきこと、例えば他人の腹痛の意味こそが問題だからである。（二二五頁）

図解IX

他人の振舞がこう
私の痛みの感覚がこう　であるときは　私の振舞はこう

ゆえに　他人の痛みの感覚はこう

全くその通りである。

ここで、「〈イタミ〉の実在論」批判に戻ろう。とは言っても我々は、既に、それについて多くの事を言ってきた。先ず我々は、冒頭から「我々にとって意義のあるものは、「痛み」の言語ゲームであって、「痛み」と呼ばれる何か或るもの（対象）ではない」と言った。「痛み」と呼ばれる何か或るものは、たとえそれが何であれ、我々にとっては、それ自体で有意義な存在ではないのである。そのようなもの（対象）は、「痛み」の言語ゲームを離れては存在しないのである。これは、〈イタミ〉の「言語ゲーム依存性」——「言語ゲーム負荷性」——と言われてよいであろう。その上〈イタミ〉は、パラドキシカルに思われるかもしれないが、「痛み」の言語ゲームには属していないのである。それは、場合によっては、無くともよい存在なのである。私の〈イタミ〉についてこの様であるとすれば、他人の〈イタミ〉についての実在論は、もはや論じるまでもないであろう。要は、「痛み」と呼ばれる感覚は、何であれ、言語ゲームという場において初めて〈イタミ〉であり得るのであり、言語ゲームを離れての独立存在——実在——ではないのである。

＊　私的な感覚は、感覚の言語ゲームを離れては存在出来ないが、しかし、感覚の

言語ゲームには属していない、というこのパラドキシカルな事態は、個々の将棋の駒は、将棋というゲームを離れては存在出来ないが、しかし、将棋というゲームには属していない、という事を考えれば、納得出来よう。将棋の駒というものは、その素材・その形・その大きさ・その色・等々、である必要はないし、対局者同士が了解しているならば、物としては無くともよいのである。対局者は盤上に概念としての駒――言語的存在としての駒――を見ているのであって、物としての駒を見ているのではない。物としての駒は、将棋というゲームを離れては存在出来ないが、しかし、将棋というゲームには属していないのである。

5　結語――『探求』における「独我論」批判――

『探求』においては、「独我論」という言葉が第二四節に、「独我論者」という言葉が第四〇二節と第四〇三節に出て来るに過ぎない。とはいえウィトゲンシュタインは、『探求』の或る箇所において、「独我論」という言葉こそ出て来ないが、「独我論」について極めて本質的な事を言っている。第三九八節において、である。しかし、例によってこの節も、非常に難解である。以下において私は、この節を、解説しながら読んでゆこうと思う。

「対話者は言う。」「しかし私が、或るものを想像するとき、或いはまた、実際に何らかの対象

図解Ⅰ

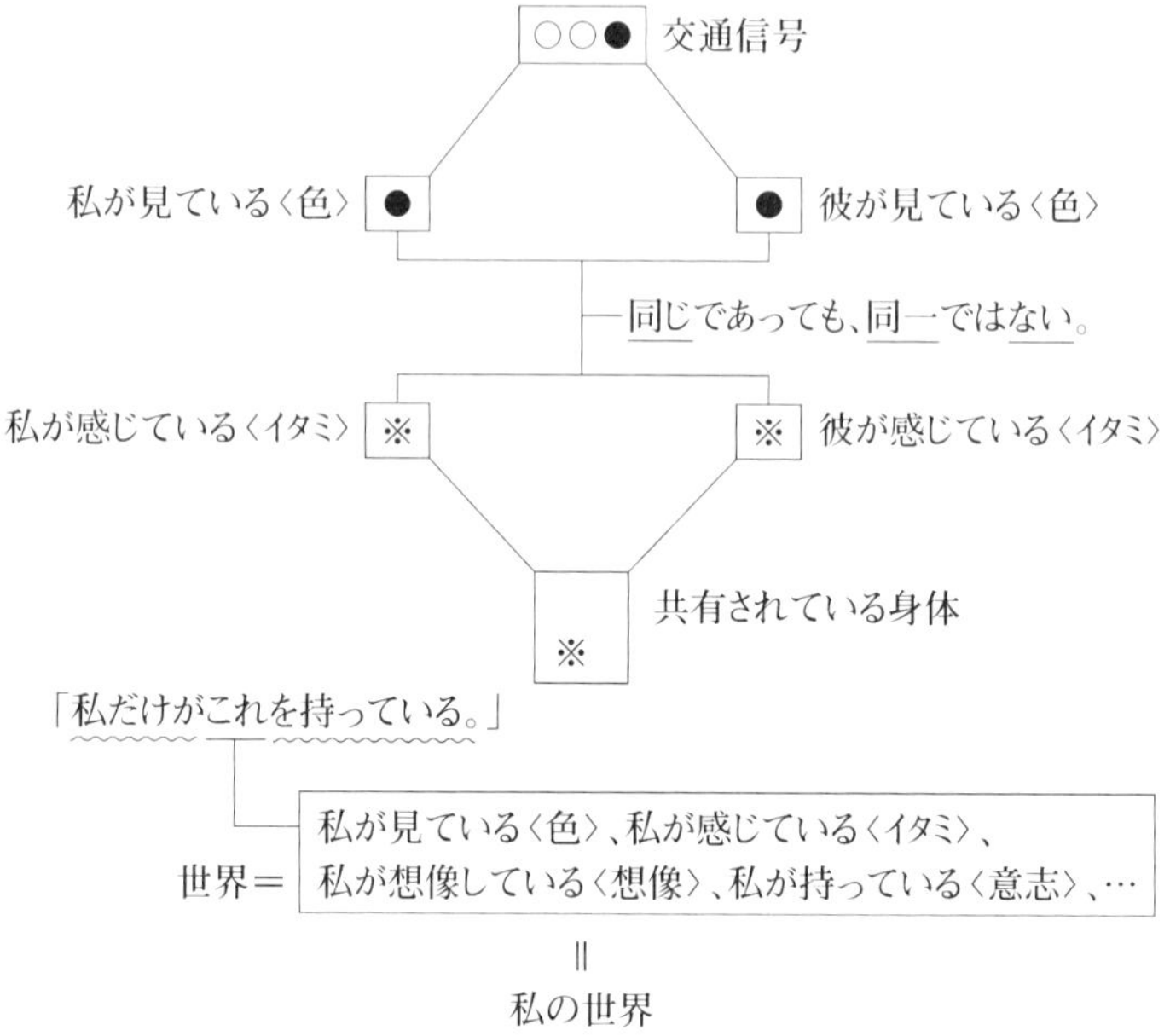

（『論考』のように「私的言語」を前提にすると、「独我論」になる）

を見るとき、私は確かに、私の隣人が持っていない或るものを持っているのである。」——

ここで我々は、「実際に何らかの対象を見るとき」として、交通信号における「赤」の〈色〉を考えよう。（図解Ⅰを参照。）私が持っている（見ている）「赤」の〈色〉は、他人（私の隣人）が持っている（見ている）「赤」の〈色〉とは、たとえ同じ（same）であったとしても、同一（identical）ではない。この事は、私と他人がシャム双生児で、一つの盲腸を共有しているとき、その盲腸が炎症を起こして、私と彼がそこに腹痛を感じた場合を考えれば、理解出来よう。私と彼はその一つの盲腸に、たとえ同じ〈イタミ〉を感じても、私の〈イタミ〉は私の〈イタミ〉であって、彼の〈イタミ〉ではない。そして同様に、彼の〈イタミ〉は彼の〈イタミ〉であって、私の〈イタミ〉ではない。そこには、二つの〈イタミ〉が重なって存在するのである。即ち、私の〈イタミ〉と彼の〈イタミ〉は、たとえ同じであったとしても、同一ではないのである。そして実際、たとえ彼が鎮痛剤を飲んで彼の〈イタミ〉が消えたとしても、私の〈イタミ〉は消えないのである。という訳で、私と彼が一つの信号を見ているとき、私と彼はその一つの信号に、たとえ同じ〈色〉を見ていても、私の見ている〈色〉は私の見ている〈色〉であって、彼の見ている〈色〉ではない。そして同様に、彼の見ている〈色〉は彼の見ている〈色〉であって、私の見ている〈色〉ではない。そこには、二つの〈色〉が重なって存在するのである。即ち、私の見ている〈色〉と彼の見ている〈色〉は、たとえ同じであったとしても、同一ではないのである。そして実際、たとえ彼が眼をつぶって彼の見ている〈色〉が消えたとしても、私の見ている〈色〉は消えないのである。

［ウィトゲンシュタインは言う。］私は、君の言う事を理解する。君は、自分の周りを見渡して、「しかし、私だけがこれを持っているのである」と言いたいのである。――

確かに、上の解説を納得した人は、誰でも「しかし、私だけがこれを持っているのである」と言いたいであろう。そして、ここにおける「これ」としては、私が見ている〈色〉、私が感じている〈イタミ〉のみならず、私が想像している〈想像〉、私が持っている〈意志〉、等々、要するに私の〈心的なもの〉すべてを考えてよいであろう。そうであるとすれば、私が生活しているこの「世界は私の世界である」という事になる。そしてこの表現は、『論考』(5・62)における独我論——「形而上学的独我論」——の表現に他ならない。これに対し、——ここからがウィトゲンシュタインの「独我論」批判になるのであるが——(図解IIを参照。)

「更にウィトゲンシュタインは続けて言う。」しかし一体、「私だけがこれを持っている」というこの言葉は、何に使用されるのか?この言葉は、何の役にもたちはしない。——したがって、確かに人はまた、「この場面では、「見る」という事について——したがって、「持っている」という事について——そして、「主観」について、したがってまた、「私」について——何も語られてはいない」と言う事も可能ではないのか?

可能なのである。しかし、この部分も分かりにくい。「私だけがこれを持っている」と言うときの〈これ〉は、言葉の意味上、他人は持ち得ないものであり、したがって、「私的対象」である。ここ

図解II

「私だけがこれを持っている。」――何の役にもたちはしない。無意味。

指示する
意味する
※
指示する
意味する
「E」――私的言語

「私だけが　　を持っている。」――公的言語
これ――私的言語
（E）

（「独我論」批判）

「感覚」
「持っている」
「何か」――公的言語（万人が理解する正当化が必要）
「見る」
「想像」

自然な表出のない※（〈E〉）については、公的言語では、何も言えない、語れない。（たかだか、「エー」と発音する事のみが可能。）

で我々は「私的対象」には、自然な表出が有る場合と無い場合がある、という事を思い出そう。既に述べたように、自然な表出が有る場合には、私的対象が関わる言語といえども、私的言語ではなく、公的言語になるのである。そして、ここには――複雑な構造があるとはいえ――実は何の問題も無い。問題は、自然な表出が無い場合――先の例では、もともとの感覚〈E〉の場合――なのである。さて、この場合については、ウィトゲンシュタインは、既にこう言っていたのである。

「E」を、或る感覚についての記号である、と呼ぶ事に、我々は如何なる根拠を有するのか?というのは、「感覚」と

いう語は、私にだけ理解可能な言語〔(私的言語)〕の語ではなく、我々の共通言語〔(公的言語)〕の語なのであるから。したがって「感覚」という語の使用には、万人が理解する正当化が必要なのである。〔したがって、「E」を、或る感覚についての記号である、と呼ぶ事には、如何なる根拠もないのである。〕——そして、「E」が結合しているものは感覚である必要はない。もし彼が「E」と書けば、彼は何かを持っているのである、——そして、我々はそれ以上の事を言う事は出来ない、と言っても、何の助けにもならないであろう。何故なら、かく言うとき、しかし「持っている」とか「何か」とかいう語もまた、共通言語に属するのであるから。——そういうわけで人は、哲学してゆくと、具体的には、「E」を、或る感覚についての記号である、と呼ぶ事の根拠を求めてゆくと、結局は、そこに於いては人はただ分節化されない音〔(ドイツ語では「エー」)〕を発するであろうような事態に、至るのである。——しかしそのような音は、或る一定の言語ゲームに於いてのみ、何かの表現なのである。かくして今や、その一定の言語ゲームが記述されねばならないのである。(第二六一節a)

そうであるとすれば、「私だけがこれを持っている」というこの言葉は、それだけでは、何の役にもたちはしない、という事は明らかであろう。どだいそのような言葉は、万人に理解不能な成分を有するところの、誰にも理解不能な一見言葉風の無意味なものに過ぎないのである。

（ウィトゲンシュタインは、かつて『論考』の6・53においてこう言った。「哲学の正しい方法は、本来こうであろう。語り得るもの以外、何も語らぬ事、したがって、自然科学の命題──それ故、哲学とは何の関係もない事──以外、何も語らぬ事、そして常に、他人が何か形而上学的な事を語ろうと欲するときは、彼に、彼は彼の命題の中の或る記号に何の意味も与えていない事を立証してやる事。……この方法こそが、唯一厳格に正しい［哲学の］方法であろう。」先に我々が見てきた「私だけがこれを持っている」という言葉の無意味性の論証は、まさにこの『論考』6・53の哲学観の一実例であると言えよう。）

　ここで『青色本』における独我論の表現を振り返ってみると、この批判は、まさしく『青色本』において表現されている独我論に対する根源的批判になっている、という事が分かる。（図解IIIを参照。）『青色本』においては独我論は、例えば「何であれ、それが見られる（本当に見られる）とき、それを見る者は常に私である」と言われているが、先の「独我論」批判は、かく言われる独我論に対する根源的批判になっているであろう。その上、「何であれ、それが見られる（本当に見られる）とき、それを見る者は常に私である」という事が否定されるならば、「世界は私の世界である」という『論考』の独我論も、無意味として必然的に否定される事になる。「世界は私の世界である」という『論考』の独我論は、「何であれ、それが見られる（本当に見られる）とき、それを見る者は常に私である」という独我論の必然的帰結なのであるから。しかし、私的対象についての

図解III

ウィトゲンシュタインの「規則論」・「反応説」（「解釈説」批判）

「言語ゲーム論」・「意味の使用説」（「意味の対象説」批判）

「私的言語は不可能である」（「私的言語論」批判）

「私だけがこれを持っている」は無意味（「認識論的独我論」批判）

「何であれ、それが見られる（本当に見られる）とき、それを見る者は常に私である」は無意味（「認識論的独我論」批判）

「世界は私の世界である」は無意味（「形而上学的独我論」批判）

「私だけがこれを持っている」というこの言葉は、誰にも理解不能な一見言葉風の無意味なものに過ぎない、という批判は、私的言語は不可能である、という「私的言語論」批判の必然的帰結であった。そして実は、私的言語は不可能である、というこの「私的言語論」批判は、言葉が何かを「意味する」という事は、その言葉が何かを「指示する」という事ではなく、その言葉が言語ゲームにおいて使用されるときに果たす役割において考えられねばならない、という事の必然的帰結であったのである。即ち、「言語ゲーム論」を土台とした「意味の使用説」の必然的帰結であったのである。そして、この「言語ゲーム論」を土台とした「意味の使用説」を支えていたのが、解釈説から反応説へのコペルニクス的転回を果たし、言語の成立のためには正当化の根拠としての共同体の存在が不可欠である、という事を明らかにしたウィトゲンシュタインの「規則論」であったのだ。したがって、結局全ては、ウィトゲンシュタインの「規則論」からの、必然的帰結であったのである。ここにおいて「独我論」は、(言語ゲーム論的独我論は言うに及ばず、)認識論的独我論も形而上学的独我論も、根源的に批判され、きれいさっぱりと払拭されたのではないか。我々はここに、ウィトゲンシュタインによる「独我論」批判の一つの筋道を見る事が出来よう。

なお、「独我論」批判のもう一つの筋道としては、1節の「はじめに」で論じた「自我の非在」という事による筋道がある。そしてそれは、「言語ゲームの論理的先行性」という言語ゲームの本質に基づくものなのである。

ここで、なお一歩「独我論」の問題に踏み込んでゆこう。それは、人々が「独我論」と言われる帰結に陥る一つのルートと、そのルートの「独我論」を論駁する問題である。具体的には、「人格の同一性」と「独我論」、という問題である。(図解Ⅳを参照。)

経験は何であれ私の経験である。これは、疑い得ない事実である。私の経験を他人は経験する事が出来ない。そしてまた他人の経験は他人の経験であって、それを私は経験する事が出来ない。金輪際出来ない。そしてこれが、私は私であって他人ではない、という事にほかならない。これは、「人格の同一性」と言われる主張の一部である。たとえ、私の身体と、それを構成している素粒子の相互の位置関係まで含めて、全く同じ身体を有する人間が、今此処にいたとしても、彼は彼であ

図解IV

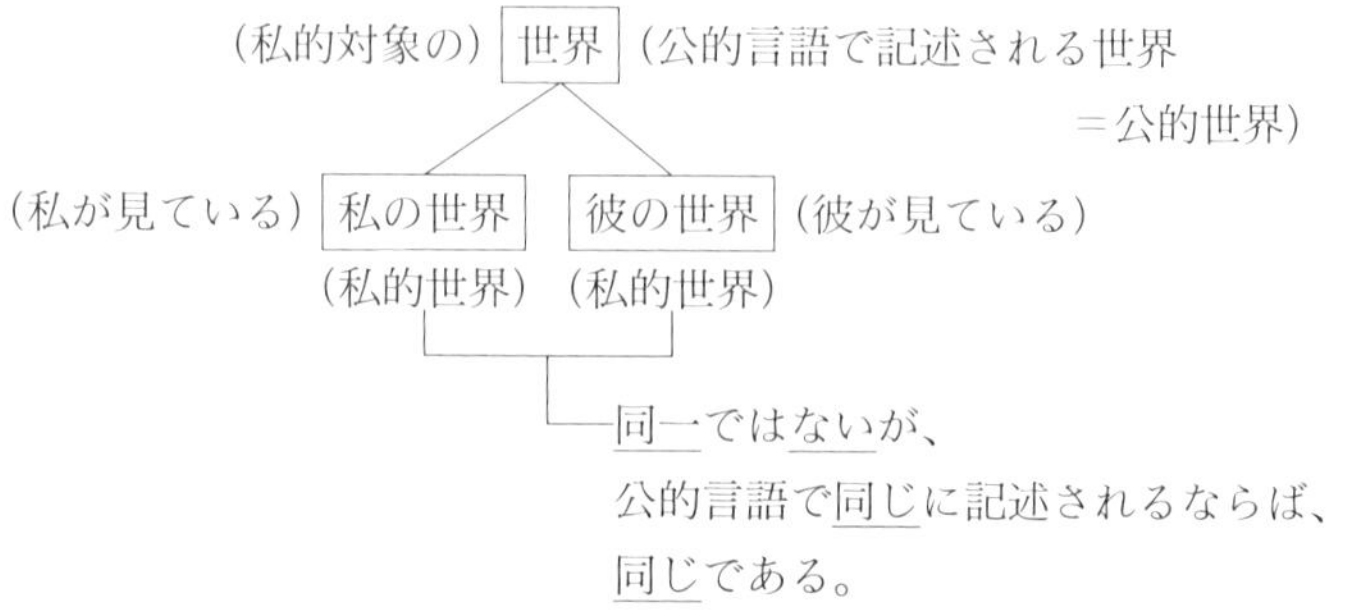

った、私ではない。おそらく彼は、私と、殆ど同じ光景を見、同じ感情を有し、同じ思いを持っているであろう。もしもある種の光学装置を用いれば、全く同じ光景を見る事さえも可能であろう。しかしやはり、彼と私は別の人格なのである。私は私であるという事、そして、彼は彼であるという事、即ち、人格にはそれぞれに同一性（identity）が有るという事、これは、身体の物質的特性とは全く別な事なのである。したがってそれは、勝れて哲学的問題であって、決して科学の問題ではない。

さて、私が或る光景を見る、というとき、それは、私の眼が見るのでもなく、私の視覚の中枢が見るのでもない。即ち、私の身体が見るのではない。言うならば、見るのは「私」なのである。「私が或る光景を見る」のである。そうであるとすれば、この事実と、「私は私であって彼ではない」という「人格の同一性」の主張から、私が見ている世界は私が見ている世界であって、彼が見ている世界ではない、という事が必然的に帰結する。即ち、その意味で「世界は私の世界である」という事が必然的に帰結するのである。これは独我論ではないのか。

このルートの「独我論」を論駁する一つの筋道は、「人格の同一性」の主張を認めながら、したがって、「世界は私の世界である」という事を認めながら、しかし、私が見ている〈私の世界〉と彼が見ている〈彼の世界〉は、それぞれの私的対象によって構成されているのであるから確かに同一ではないが、同じであり得る、という事を明らかにすればよい。即ち、このルートの「独我論」は実は独我論ではない、という事を明らかにすればよい。

ここで我々は、私的対象は、言語ゲームに対して「不離不属」である、という事を思い出そう。即ち、例えば信号機に私が見ている〈色〉は、今問題の言語ゲームに対して、離れてはいないが、しかし、属してはいないのである。ポイントは、我々はそれを、感覚的に「正しく再認」する事は不可能であるが、しかし実は、そんな事は不要であり、無意味である、という事なのである。我々が、それに反応して、公的言語で「赤い」と言う場合には、その私的対象は〈アカイ〉のである。私的対象は、それが〈アカイ〉から「赤い」と言われるのではなく、逆にそれは、「赤い」と言われるから〈アカイ〉のである。そしてその意味で、私と彼が共に「赤い」と言う限り、我々はそこに同じ〈アカイ〉色を見ているのである。そして、これ以上の事を私的対象について問題にする事は、無意味なのである。そして勿論、この議論の背後にあるものも「私的言語論」批判である。

この関連で、『探求』から一つ引用をしておこう。（図解Vを参照。）

図解V

それ（〈私的対象〉）――― 言語 ―――〈言う〉即〈認識〉

参考：カントの場合

〈物自体〉――― 直観の形式 ――― 悟性の形式 ―――〈判断〉即〈認識〉

如何にして私は、diese Farbe ist Rot（この色は赤である）、という事を認識するのか?――これに対する一つの答えは、こうであろう。「私はドイツ語（日本語）を習ったからである。」（第三八一節）

我々は、先ずこれをこれとして認識し、次にこれは「赤」であると解釈して、「これは赤である」と言うのではない。我々は単刀直入に、無媒介にそれに反応して、「これは赤である」と言うのである。「言語を習う」という事は、「そのように反応する事――そのような言語行為をする事――を習う」という事なのである。そしてこの〈言う〉という言語行為こそが、〈認識する〉という事に外ならない。〈言う〉即〈認識〉という訳である。したがって、実は「言語」は、認識の器官――最重要な「認識器官」――なのである。感覚器官が無いと世界が見えないように、言語が無い場合にも世界は見えないのである。この辺の事情は、カントの場合を思い起こせば、理解されるのではないか。もっともウィトゲンシュタインの場合、私的対象は、それ自体は有るとも言えず無いとも言えないもの、なのである。彼は、『探求』の第三〇四節において、こう言っている。

確かに感覚は、「或るもの（Etwas）」ではない。しかしまた感覚は、「無いもの（Nichts）」でもないのである！私の結論はただ、「無いもの」は、――それ自体については何も言えない――「或るもの」と同じ働きをするのだ、という事であったのである。

この分かりにくい文章も、「すべては言語ゲームにおいて意味を持つのだ」そして「すべては言語ゲームにおいて何かになるのだ」という事を理解すれば、理解出来るであろう。言語ゲーム無しには、すべては無意味な「或るもの」になってしまう。しかし無意味な「或るもの」は、たしかに「無いもの」ではないが、本来の意味での「或るもの」でもない。すべての意味成立の基盤は言語ゲームであり、言語ゲーム無しには、世界は茫々たる無意味と化すのである。意味に満ちたこの世界は消滅するのである。

最後に、少し注意をしておこう。さきに私は、「「世界は私の世界である」という『論考』の独我論も、無意味として必然的に否定される事になる」と言った。（八九頁）そして今度は「「人格の同一性」の主張を認めながら、したがって、「世界は私の世界である」という事を認めながら」と言った。（九三頁）これは矛盾ではないか。そう思われよう。ここで先ず、無意味として必然的に否定されるのは、「世界は私の世界である」という『論考』の独我論、即ち、私的言語を前提にした「世界は私の世界である」という主張である事に、注意しよう。「世界は私の世界である」という事は、「世界は私の私的対象によって構成されている」という事である。ここで言語として私的言語の「これ」とか「それ」とかを認めると、「世界は私の世界である」という表現は必然的に無意味になるのである。しかし私的言語の「これ」とか「それ」とかを認めず、全てを公的言語で語るとすれば、私的対象は有って無きが如き対象（我々がその中で生活している言語ゲームに対して「不離不属」な対象）になり、この場合は「世界は私の世界である」は独我論の表現ではなくなるのである。「世界は私の世界である」と言ったからといって、それは即ち独我論である、という訳ではないのだ。この節の図解Ⅰ（八四頁）で述べたように、私の世界は、『論考』でのように「私的言語」を前提にすると独我論の世界になるが、公的言語で語られるとすれば、独我論の世界ではなくなるのである。即ち、我々が私的対象に対して公的言語で反応するように教育されるならば、我々の世界は公的世界になるのである。この場合には、私的対象に対する公的言語での反応が、いわゆる「自然な表出」の役を果たすのである。そして、この洞察を与えてくれるのが、ウィトゲンシュタインの規則論（「反応説」）なのである。

ついでに、もう一つ注意をしておこう。私は今「私的言語の「これ」とか「それ」とかを認めず、全てを公的言語で語るとすれば、私的対象は有って無きが如き対象（我々がその中で生活している言語ゲームに対して「不離不属」な対象）になり、」と言った。しかしこれは、その場合、私的対象は何かぼんやりした訳の分からない対象になる、という事を意味してはいない。我々の「痛み」

がそうであるように、そしてまた、さきの将棋の駒の比喩（八三頁）における「将棋の駒」がそうであるように、私的対象は全く確固としたものであり得るのである。その確固としたものが、実は言語ゲームにおいては、「有」とも言い切れず「無」とも言い切れない或る〈もの〉、なのである。その意味で、その或る〈もの〉は、「有」と「無」という絶対的に矛盾している二つの言葉をセットにして、初めて不完全ながら指示出来るような或る〈もの〉、なのである。西田幾多郎の言葉を借用すれば、それは、「絶対矛盾的自己同一」な或る〈もの〉、なのである。絶対的に矛盾している二つの言葉によって初めて何とか指示されはするが、しかしそれ自体は一つの〈もの〉――自己同一な〈もの〉――なのである、という訳である。

II

第三章　ウィトゲンシュタインの哲学観

1　はじめに

何事によらず、その道の真の達人は、自己の仕事について独自の見解を持っているものである。そしてこの事は、特に哲学において顕著である。哲学の真の達人は、哲学について独自の見解を持っているものであり、また持っていなくてはならない。それでは、20世紀の前半を飾る哲学の真の達人ウィトゲンシュタインは、哲学について如何なる見解——如何なる哲学観——を持っていたのであろうか。

一般にはよく、ウィトゲンシュタインは二人いる、などと言われる。前期のウィトゲンシュタインと後期のウィトゲンシュタインである。あるいは、『論理的‐哲学的論考』（略して『論考』）のウィトゲンシュタインと『哲学的探求』（略して『探求』）のウィトゲンシュタインである。しかしこの言い方は、非常に誤解を招き易い。何故なら、ウィトゲンシュタインの前期の哲学――『論考』で代表される哲学――と後期の哲学――『探求』で代表される哲学――の間には、よく見ると、不連続の要素のみではなく連続の要素も多いから。我々はウィトゲンシュタインの哲学を、連続と不連続において、あるいはもっと適切には、持続と回心において、見なくてはならないのである。それではウィトゲンシュタインの哲学は、何において持続し、何において回心したのであろうか。ごく大まかに言えば、それは、「哲学観」においては持続し、「言語観」――より限定して言えば「意味論」――において回心したのである。

彼においては、哲学の諸問題は、日常言語の論理についての誤解から生じるものなのである。したがって、哲学の諸問題を解くためには、日常言語の論理を正しく理解すればよい、という事になる。そしてそれは、哲学の仕事なのである。彼においては、実は哲学の仕事は、日常言語の論理を正しく理解することによって哲学の諸問題を解き、よって我々の知性を哲学の問題から解放することなのである。したがって、そのような仕事をする哲学とは、日常言語の論理を正しく理解するための活動であり、かつ、それによる知性解放の戦いなのであって、体系的な理論などではないのである。そして、このような「哲学観」は、彼の前期と後期を通じて、一貫している。

これに対し、彼の哲学を前期と後期に分けるのは、彼の「言語観」――意味論――である。すなわち彼は、日常言語の論理を正しく理解しようとしながら、前期と後期で、非常に異なった言語観に到達したのである。前期の言語観は、一言で言えば、語の意味とはその語の指示対象である、という「意味の対象説」である。これは、言語を、絶対主義的に、解剖学的に、静的に、形而上学的に、形式論理的に、そして分析的に、取り扱おうとする思想の、かなり必然的な産物である。これに対し後期の言語観は、一言で言えば、語の意味を知ろうとすれば、その語の使用を見よ、という「意味の使用説」である。そしてこれは、言語を、相対主義的に、生態学的に、動的に、プラグマチズム的に、人間学的に、非形式論理的に、そして、非分析的に、取り扱おうとする思想の産物である。しかし我々は、言語観に関する彼のこの華麗なる変身に幻惑されてはならない。何故なら、後期の言語観の芽は、すでに前期の言語観にひそんでいるから。後期の言語観「意味の使用説」における「使用」(Gebrauch) についての着目は、すでに『論考』の中にみえているのである。彼は『論考』において、次のように言っている。

> 記号においてシンボルを認識するためには、人はその記号の有意味な使用を注意深く観察しなければならない。(3・326)

もしも記号が使用されないならば、その記号は無意味である。これが、オッカムの格言の意味である。（3・328）

そのうえ彼は『論考』において、括弧をつけてはいるが、次のようにも言っているのである。

（哲学においては、「我々は、あの語あの命題を、本来何のために使用するのか」と問う事は、しばしば有意義な洞察へと導く。）（6・211）

したがって彼は、前期と後期で全く異なった言語観を持っていたわけではないのである。

そのようなわけで、ウィトゲンシュタインは二人いる、という言い方はミスリーディングなのである。以下において我々は、前期と後期を通じて一貫している彼の哲学観と、そこに含まれている「哲学の諸問題を解くためには、日常言語の論理を正しく理解すればよい」という事を実行するための、それぞれにおける方策、更にはその後の展開を、詳しく見てゆくことにする。

2 『論考』の場合

ウィトゲンシュタインは『論考』の序文において、次のように言っている。

この書は、哲学の諸問題を取り扱っている。そしてこの書は、――私の信ずるところによれば――哲学の諸問題が立てられるのは我々の言語の論理が誤解されている事に基づいているのだ、という事を示している。

ここに言う「我々の言語」とは、我々が日常使っている言語、いわゆる「日常言語」のことである。それでは、日常言語の論理はなぜ誤解されているのだろうか。これに対し彼は、次のように言う。

日常言語においては、同一の語が異なった仕方で表示を行う事――したがって、同一の語が異なったシンボルに属するという事――が、はなはだ多い。或るいは、異なった仕方で表示を行う二つの語が、外見上は同じ仕方で命題において用いられるという事が、はなはだ多い。

そういうわけで、「ist」という語は、繋辞として、等号として、そしてまた、存在の表現として、現れる。「存在する」という語は、「行く」のような自動詞のように見える。「同一の」という語は、形容詞のように見える。（3・323）

そうであるので、最も根本的な混乱がいともやすやすと生じてしまう。（全哲学が、この種の混乱にみちみちている。）（3・324）

それでは我々は、どうやってこの誤解を解くことが出来るのか。彼は、言う。

その種の混乱に陥る過ちを避けるために我々は、それを排除する記号言語を用いなければならない。その記号言語では、異なったシンボルにおいては同じ記号を用いず、また、異なった仕方で表示を行う記号が外見上同じ仕方で用いられる事はない。したがってその記号言語は、論理的文法――論理的構文法――に従っている記号言語なのである。

（フレーゲとラッセルの概念記法は、勿論いまだ全ての過ちを排除してはいないが、そのような言語の一つである。）（3・325）

したがって彼によれば、記号言語を採用すれば、日常言語の論理についての誤解が解け、哲学の諸問題がそこから発生する源が消えてなくなり、それゆえ、哲学の諸問題そのものが消えてなくなるのである。

それでは、哲学の諸問題が消えてなくなった暁には、我々は何をなすべきなのか。それは、記号言語を用いて、

語り得るもの以外、何も語らぬ事、したがって、自然科学の命題――それ故、哲学とは何の関係もない事――以外、何も語らぬ事、そして常に、他人が何か形而上学的な事を語ろうと欲するときは、彼に、彼は彼の命題の中の或る記号に何の意味も与えていない事を立証してやる事、（6・53）

これである。そして彼によれば、これこそ、

哲学の正しい方法……唯一厳格に正しい方法（6・53）

なのである。

それでは何のために、語り得るもの以外、何も語らぬのか。それは、

語り得るものを明確に表現する事によって、語り得ぬものを暗示する（4・115）ためである。そして、そうする事によって哲学は、

思考可能なもの「(語り得るもの)」の限界を画定し、それによって、思考不可能なもの「(語り得ぬもの)」の限界を画定しなければならない（4・114）のである。

哲学は、思考不可能なもの「(語り得ぬもの)」の限界を、内側から、思考可能なもの「(語り得るもの)」の限界を通じて画定しなければならない（4・114）のである。

それでは、何故そのような限界の画定をするのであろうか。それは、その限界の彼方に在るものは端的に無意味であろう（序）

からである。但し、ここで注意すべきは、

　その限界は、ただ言語の中においてのみ定められ得るのである（序）

という事である。即ち、「限界」とは言語の限界なのである。したがって、その限界の彼方に在るものとは、言語の限界の彼方にあるもの——一見、言語的表現に見えて、実はそうでないもの——なのである。そして彼によれば、

　哲学的な事柄について書かれた大抵の命題や問いは、偽なのではなく、無意味なのである。それゆえ我々は、その種の問いについては、そもそも答える事が出来ず、ただそれが無意味である事を突き止める事が出来るのみ、なのである。（4・003）

かくして我々は、再び出発点に舞い戻る事になる。即ち

　哲学者の大抵の問いや命題は、我々が我々の言語の論理を理解していないという事に、基づい

ている（4・003）

のである。我々は、自分たちの言語の論理を理解していないために、自分たちの言語の限界を超えてしまい、そこに哲学的な問いや命題を立ててしまうのだ、という訳である。したがって我々は、その種の問いにおよそ答えるすべを知らず、唯その無意味である事を突き止める事が出来るにすぎないのである。

かくして、

すべての哲学は「言語批判」である（4・0031）

という事になる。即ち、

哲学とは、学説ではなく、「言語批判という」活動（4・112）

であり、

哲学的著作は、本質的に解明で成り立っている（4・112）のである。そしてそれゆえ、

哲学の成果は、「哲学的命題」が立てられる事ではなく、命題が明確になる事（4・112）なのである。そしてその結果、問題が消滅し、ここに問題が解決するのである。彼においては、問題の「解決」とは、その問題の「消滅」に外ならない。

人は、人生の問題が消滅したとき、人生の問題は解決したと認める、（6・521）

と言われるゆえんである。そして事実、彼は『論考』において人生の問題が解決されたと思い、その後、ウイーンの南の幾つかの村で、小学校の教師として生活するのである。彼は言う。

我々は、たとえ有り得る全ての科学的問題が答えられたとしても、我々の人生の問題は依然として全く触れられてもいない、と感じる。勿論、その時はもはや［答えられ得る］いかなる問題

も残っていない。そして、まさにこの事が［人生の問題に対する］答えなのである。（6・52）

何故なら、彼によれば、

　何かが語られ得る所においてのみ、答えは成り立ち得る（6・51）

のであり、

　答えが成り立つ所においてのみ、問いは成り立ち得るのである。（6・51）

したがって、何かが語られ得る所においてのみ、問いは成り立ち得るのである。ところが、彼においては、語られ得る所とは、自然科学的命題が成り立つ所なのである。したがって、自然科学を超えた所にある人生には、既に如何なる問題も残っていない。そして、まさにこの事が、人生の問題への解答である、という訳である。かくして彼は、人生は、語り得ぬもの、問うことも答えることも出来ぬもの、である事を悟ったのである。

人は、語り得ぬものについては、沈黙しなくてはならない。（7）

そこで彼は、人生について沈黙した。そしてその後に残されたものは、唯一つ、人生を生きる事である。かくして彼は、小学校の教師として、一つの苛烈な人生を生き、そこに一つの生き方を示したのである。人生は、語り得ぬものではあるが、示され得るものなのである。

一体、『論考』は何の書であろうか。かつてウィトゲンシュタインはフィッケルへの手紙で自分の『論考』について解説し、次のように書いている。

この本の意図は倫理的なものである。私はかつてこの本の序文に、ある文章を入れようとした。しかしそれは、今は実際には入れられていない。しかし私はここに、あなたのために、その文章を書くことにする。何故ならその文章は、おそらくあなたにとって、この本を理解する鍵となるであろうから。私の入れようとした文章とは、次のようなものである。「私の仕事は二つの部分から成っている。一つは、ここに提出された部分であり、他の一つは、私が書かなかったものの全てである。そして重要なのは、まさにこの第二の部分なのである。即ち私の本は、倫理的なるものにいわば内部から境界をつけるのである。そして私は、厳格には、ただそのようにしてのみ境界づけられるのだ、と確信している。要するに、私の信ずるところによると、多くの人が今日駄弁を弄している事柄［倫理的な事柄］すべてに、私はこの本において、それらについて沈黙を守ることによって、しっかりした場所を与えたのである。」そしてそれ故にこの本は、もし私が非常な誤りを犯しているのでないならば、あなた自身が言いたいと思っていたことの多くを、語っているであろう。しかしおそらくあなたは、それがこの本の中に語られている事に、気が付かないであろう。そこで私はあなたに、この本の序と末尾を読むことを薦めたい。なぜならそれらは、この本の意図を最も直接的に表現しているから。

『論考』は、ウィトゲンシュタインの意識では、「倫理の書」であるようである。彼は『論考』において、倫理は、語り得ぬもの、問うことも答えることも出来ぬもの、である事を示そうとしたのだ、と言えよう。彼は言う。

> 倫理の命題もまた［世界の中には］存在し得ない。
> 命題はより高きものを表現し得ない。（6・42）
> 倫理が言語的に表現され得ない事は明らかである。
> 倫理は超越論的である。（6・421）

ところで彼は、『論考』の序の最後で、次のように言っている。

私には、ここにおいて伝えられている思想が真理である事は、非の打ち所なく且つ決定的である、と思われる。したがって私の意見では、哲学の諸問題は本質的に最終的に解かれたのである。そして、もし私がこの点で間違えていないならば、この著作の価値は第二に、この著作は哲学の諸問題が解かれた事によって如何に僅かな事しか行われていないかを示している、という事にあるのである。

そして一見奇妙なこの文章も、彼がフィッケルへの手紙で述べている事を念頭におくと、理解出来る。即ち、『論考』で述べられている思想の真理性は、たとえ非の打ち所なく且つ決定的であると思われようと、その思想は、ただ単に倫理的なものに境界をつけ、場所を与えるのみなのであるから、僅かな事しか行っていない、という事になるのである。倫理は、語り得ず、人生において示されねばならないのである。そして彼においては、おそらく、論理や言語よりも倫理の方が、そして人生の方が、重要であったのである。

　そうであるとすれば、彼の小学校教師としての生活は、彼の人生における重要な第二幕であり、『論考』に至るまでの時代は、むしろ、それへの前奏曲であったのである。おそらく彼にとっては、

『論考』は、小学校教師へのスプリングボードであり、小学校教師としての生活こそ、価値ある重要なものであったのである。彼は言う。

（読者は、言わば、梯子を登り切ったら、その梯子を投げ捨てねばならないのである。）私を理解する人は、私の諸命題を乗り越えねばならない。そうすれば、彼は世界を正しく見るのである。（6・54）

そして彼自身、梯子を乗り切って、惜し気もなくその梯子を投げ捨てたのである。そして彼は、世界を正しく見たのである。

彼にとっては、そもそも哲学とは、世界を正しく見ることによって哲学的迷いから解脱する道なのであり、『論考』がその具体化であったのである。

3 『探求』の場合

以上において我々は、『論考』における哲学観と、そこに含まれている「哲学の諸問題を解くためには、日常言語の論理を正しく理解すればよい」という事を実行するための方策、更にはその後の展開を、詳しく見て来たが、『探求』においてはどうなのであろうか。『探求』において彼が言うところによると、哲学の諸問題は、主として、「我々の言語の諸形式についての誤解から生じる」（第一一一節）のであり、そのような我々は、哲学するときには、ちょうど

文明人たちの諸表現を聞き、それらを誤解し、そこから奇妙な結論を引き出す未開人・原始人のようなのである。（第一九四節）

『論考』の場合と同じ見解であろう。それでは、何故我々は、我々の言語の諸形式を誤解するのであろうか。これに対し、彼は次のように言う。

道具箱の中の種々の道具について考えよ。そこには、ハンマー、ペンチ、鋸、ねじ回し、物差し、にかわ用の鍋、にかわ、釘、ネジ釘、等々、がある。――そして、これらの物の機能が様々であるように、語の機能も様々なのである。（そしてまた、ここかしこに類似性がある、という事も勿論である。）

言うまでもなく我々を混乱させるのは、様々な語が、言われるのを聞くとき、或いは、書かれ

たり印刷されたりして眼にふれるとき、それらの語が似た形で現れる、という事である。何故なら、それらの語の使用がそれほどはっきりと我々に現れるわけではないから。特に、我々が哲学しているときに、そうである！（第一一節）

まったく『論考』の場合と同じである、と言えよう。（3・323、3・324を参照。）
それでは我々は、どうやってこの誤解を解くことが出来るのか。彼は言う。

言語についての我々の誤解の主な源泉は、我々は我々の語の使用を展望していない、という事にある。――我々の文法には、語の使用についての展望性が欠けているのである。（第一二二節）

したがって我々は、語の使用について展望を持つことによって、言語の諸形式についての我々の誤解を解くことが出来るわけである。それでは、語の使用について「展望を持つ」ためには、如何なることをすればよいのか。彼は言う。

語の使用についての展望を与える表現はその語についての理解を与えるが、その理解とは、我々がその語の様々な使用の間の「諸関係を見る」という事においてまさに成り立つものなのである。それ故、「語の使用について「展望を持つ」ためには、」その語の様々な使用の間に中間の場合を発見したり発明したりする事が重要なのである。（第一二二節）

次に、語の使用について「展望を持つ」ために、その語の様々な使用の間に中間の場合を発見したり発明したりする事の一例を、『探求』の中から挙げておこう。

ウィトゲンシュタインは、自己の哲学の基礎概念を表す語として「言語ゲーム」という語を導入したが、これについて彼はこう言っている。

> 君は、言語ゲームの多様性を、以下の例やその他の例において、思い浮かべてほしい。
> 命令を与える、命令に従って行動する——
> 或る対象を、観察し、或いは、測定し、記述する——
> 或る物を記述（設計図）に従って作る——
> 出来事を報告する——
> 事の成りゆきを推測する——
> 仮説を立て、検証する——
> 実験の結果を表やグラフで表現する——

物語を作り、それを読む――
劇を演じる――
輪唱する――
謎を解く――
小話を作り、それを語る――
計算の応用問題を解く――
或る言語から別の言語へ翻訳する――
願う、感謝する、ののしる、挨拶する、祈る。（第二三節）

「言語ゲーム」という語は、これら、および、その他の様々な行為を束ねる語、なのである。ここにおいて、「言語ゲーム」という語を少数の言葉で定義する事は、不可能である。ここにおいて可能な事は、出来得る限り多様な例を与え、「これら、および、これらに似たものを「言語ゲーム」と言う」と言う事のみであろう。そしてその際、例の間に隙間があると思えば、そこを埋めてゆくのである。例えば、「命令を与える」と「記述する」の間に隙間がある事に気づけば、「記述（設計図）に従って作る」という例を追加する、という具合にである。この様な例示には限りがないであろうが、しかし、そうする事によって我々は、「言語ゲーム」という語の使用に「展望を与える」

事が可能になるのである。「言語ゲーム」という語は、我々の言語行為に「展望を与える表現」なのである。そして、ウィトゲンシュタインは言う。

「展望を与える表現」という概念は、我々にとって、根本的な意味がある。それは、我々の表現形式――我々が物事を見る仕方――を表しているのである。（それは「世界観」であろうか？）（第一二二節）

展望を与える表現である「言語ゲーム」という語は、我々が物事を見る一つの仕方を表している。それは、一つの世界観を表しているのである。そして実際ウィトゲンシュタインは、「言語ゲーム」という語で世界を見たのである。

ここにおいて我々は、『論考』と『探求』の違いを見ることが出来る。『論考』においては、誤解を回避するために記号言語が採用された。しかし『探求』においては、誤解を回避するために、言語使用についての展望を持つ事が要請されるのである。

ところで『探求』においては、日常言語はそれ自身で完全なのである。即ち、

我々の言語の命題は全て「そのあるが侭において、秩序づけられている」という事は、明らか

である。即ち、あたかも、我々の日常の曖昧な命題は完全無欠な意味など有せず、完全な言語は我々によって初めて構成されるべきなのである、と言わんばかりに、我々は理想言語を追い求めている、というのではないのである。(第九八節)

ところが、『論考』においても、日常言語は論理的に不完全であり、それゆえ論理的に完全な記号言語で置き換えられねばならない、などと考えて、一つの理想を追い求めているのではないのである。即ち、彼によれば、『論考』においても、

　我々の日常言語の全命題は、実際、その有りのままにおいて、論理的に完全に秩序づけられているのである。(5・5563)

ただし、

　日常言語を理解するための暗黙の取り決めは、ものすごく込み入っている(4・002)

ので、日常言語の命題の真の姿は、記号言語で書き表わされねばならないのである。そしてこれが、

「分析」にほかならない。したがって『論考』においても『探求』においても、日常言語は、既に、そのあるが侭の現実において完全なのである。この点においては、『論考』と『探求』の間に区別は無い。この両者を区別するのは、日常言語に関する誤解を回避する方法なのである。スローガン的に言えば、『論考』においては「分析」によって誤解を回避し、『探求』においては「展望」によって誤解を回避するのである。それゆえ、『論考』を「分析哲学的」と言えば、『探求』は、同じ意味では分析哲学的とは言えず、むしろ、「展望哲学的」とでも言うべきなのである。しかし何れにせよ彼は、終生、論理的に不完全な日常言語は、論理的に完全な人工言語によって置き換えられねばならない、などと考えてはいなかったのである。

以上のようであるとすれば、哲学という営みは、『探求』においては、現実における我々の言語使用を展望する事によって、我々の言語にかかわる誤解を解き、それによって我々を捉えている哲学的諸問題を解消すること、なのである。それゆえ『探求』においては、哲学は理論ではなく洞察であり、その成果は、哲学的命題が立てられる事ではなく、日常言語の命題のありの儘の姿が明らかになり、それによって我々を哲学的諸問題から解放してくれる、という事なのである。彼は言っている。

我々の考察は科学的考察ではあり得ない、という事は、正しかった。「我々の予見に反し、あれやこれやが考えられ得る、という事」――たとえ、この事が何を意味しようと――は、我々には興味がなかった。……そして我々は、如何なる理論も提示してはならない。我々の考察には、如何なる仮説も存在してはならない。全ての説明が取り去られねばならず、そして、記述のみがその場所を埋めねばならない。そしてこの記述は、その輝きを、即ち、その目的を、問題になっている哲学的問題から授かるのである。この哲学的問題は、勿論、経験的問題ではない。それは、我々の言語の働きについての洞察、しかも、我々の言語の働きが――それを誤解しようとする衝動に抗して――認識されるような洞察、を通して解かれる問題なのである。哲学的諸問題は、新しい経験を持ち出す事によって、ではなく、ずっと以前から知られていた事を、配列する事によって、解かれるのである。哲学とは、我々が所有する言語という手段（道具）によって我々の知性が魔法にかけられている事に対する、戦いなのである。（第一〇九節）

このように哲学の諸問題は、我々の言語の働きについての洞察によって解かれるのであるが、それは、具体的には、とっくに知られている事をまとめ、それを記述する事によって行われるのである。それが哲学である。即ち、

哲学は、まさに全てをただあるが侭にしておくのであり、何も説明せず、何も推論しない。

――全てはむき出しにそこに在るのであるから、説明されるべき何ものも無いのである。何故なら、例えば隠されているものは、我々には興味が無いのであるから。

全ての新発見と新発明に先だって可能であるものを、人は「哲学」と呼ぶ事が出来よう。（第一二六節）

哲学は、記述によって、ありの儘の言語の働きを我々に提示するのである。説明抜き、議論抜きで、提示するのである。そして、それによって、言語によって我々の知性にかけられた呪縛を解くのである。言語による呪縛を解くのに、説明も議論も用をなさない。ただ、言語のありの儘の事実を記述し、ありの侭の事実に気づかせれば、それでよいのであり、また、言語による呪縛を完全に解くには、それしか方法はないのである。幽霊が枯尾花である事を悟らせるには、説明も議論も用をなさない。ただ、そのそばへ連れてゆき、ありの儘の事実に気づかせれば、それでよいのであり、また、幽霊が枯尾花である事を完全に悟らせるには、それしか方法はないのと同じである。そして哲学が目指すのは、まさにこの完全さなのである。彼によれば、

哲学の諸問題は完全に消失しなくてはならない（第一三三節）

のであり、そのために

我々が得ようと努めている明らかさは、勿論、或る完全な明らかさ（第一三三節）

でなくてはならないのである。

そのような訳で哲学は、言語による呪縛を完全に解くために、言語のありの儘の事実を記述するのであるが、それは具体的には、誰の眼にも完全に明らかでありながら、しかし、誰の眼にも止まっていない事実を記述する事によって、その事実に気づかせるのである。その事実に完全に気づかせるのである。彼は言う。

哲学者の仕事は、或る特定の目的のために、言語ゲームについての記憶を集め揃える事である。（第一二七節）

集められたものは、そう言われればそうだ、と言われるような、平凡な事実である。それは、平凡であるが故に、そう言われるまでは、誰も気づかなかったのである。したがって、

> 哲学においては、結論が引き出される、という事はない。「しかし、カクカクでなくてはならない！」という事は、哲学の命題ではない。哲学は、説明するのではなく、誰もが認める事を、ただ確認するだけなのである。（第五九九節）

それでは、そのような事をやって、結局、何が残るのであろうか。何も残りはしない。

> 哲学は全てを、あるが儘にしておく（第一二四節）

のである。しかし、それによって呪縛から、迷いから、脱却出来るのである。とはいえそれは、何か新しい物事を獲得したのではなく、言うなれば、元の状態、本来の状態に戻っただけなのである。それはちょうど、病人がなおって元の健康な状態に戻った様なものである。我々は、健康になって、もともとなのである。即ち、

> 哲学者は問題を、病気を治すように、治す（第二五五節）

のであり、問題に解答を与えるわけではないのである。病気を治す、という事は、病気そのものを

消す、という事である。同様に哲学者は、問題に答えを与えるのではなく、問題そのものを消すのである。そして、病気が治って健康になれば、もはや治療は必要でないように、哲学の諸問題が解けて自由の身になれば、もはや哲学は必要ではないのである。彼は言う。

［哲学における］本来の発見とは、その気になれば、哲学する事をスパッとやめる事を、私に可能にする発見なのである。――本来の発見は、哲学に平安をもたらす。（第一三三節）

ところが、ウィトゲンシュタインが書いたもので最も初期に属するものに、「論理学についての覚書（Notes on Logic）」というのがある。これは、彼がラッセルのもとで勉強しだしてから、まだ二年しか経っていない時のものであるが、その末尾の方で、

哲学においては、演繹は存在しない。哲学は純粋に記述的である。（L. Wittgenstein, *Notebook 1914-1916*, 2nd Edition, Basil Blackwell, 1979, p.106)

と言っている。そして、奇しくも、これこそ『探求』の哲学観に外ならない。先に述べたように、『探求』ではこう言われているのである。

全ての説明が取り去られねばならず、そして、記述のみがその場所を埋めねばならないのである。（第一〇九節）

何れにせよ、後期のウィトゲンシュタインにおいては、哲学とは、我々の言語使用のありの儘の事実を記述する事によって、我々の知性を解放する営みなのである。これはちょうど、

ハエにハエ取り壺から脱出する道を示してやる（第三〇九節）

ようなものなのである。*

最後に一言、注意をしておきたい。後期のウィトゲンシュタインにおいては、哲学の仕事は記述である、と言いながら、彼は随分と推論もしているのではないか、と言われるかもしれない。確かに、その通りである。しかし彼が行う推論は、間違った見解を論駁するためのものであって、自己の所見を論証するためのものではない。自己の所見はただひたすら記述する事によって、提示されるのである。

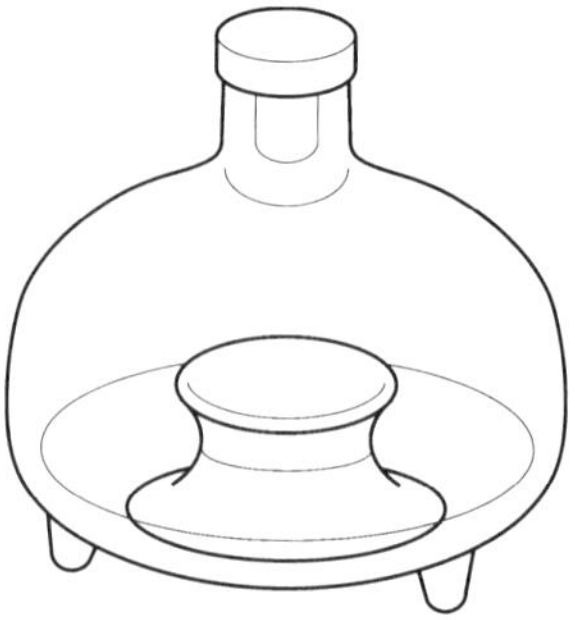

＊「ハエ取り壺」について。最近はハエをあまり見かけなくなったが、以前はたくさん飛んでいたものである。特に魚屋の店先に多く、そこでは一般に、天井からは何本かの「ハエ取りリボン」がつるされており、店の両脇には「ハエ取り壺」が置かれていた。それは、図のようなガラス製の容器で、中に水を入れて、腐った魚肉の上にかぶせて置くのである。すると、ハエはその魚肉を目がけて横からその下に入り、その後、ハエの習性であろう、上に飛び上がって「ハエ取り壺」の中に入ってしまう。すると、外に出られず、中を飛び回っているうちに、いつしか水に落ちて死ぬのである。水は、ハエの死骸で累々になる。そこで魚屋は、上の栓を抜いて、ハエの死骸をその水とともに下水に流す。勿論ハエは、利口ならば、「ハエ取り壺」の中に入って来た道を逆に辿って、何の抵抗もなく外へ出られるわけである。しかしハエには、それだけの知恵はない。

言うまでもなく、ハエは哲学者の比喩であり、ハエ取り壺は哲学的問題――例えば独我論――の比喩である。ウィトゲンシュタインは、ハエ取り壺の外に出ようとして出られず、壁にぶつかりながら、ただ無為に中を飛び回っているハエに、哲学的問題にもがき苦しんでいる哲学者の姿を、見ていたのである。

第四章　大森荘蔵とウィトゲンシュタイン

1　はじめに

私は大森先生とは、哲学にかかわりのない話しは、ほとんどした記憶が無い。先生はよく私に、まだ未発表のアイディアを話してくれた。そして私も、何かアイディアが浮かんだときには、先生に意見を伺うのが常であった。ところで、ウィトゲンシュタインとの関係で、今思い出す事が一つある。私が先生と渋谷の東急本店の最上階にある食堂で一緒に食事をしながら議論をしていたとき、先生が「自分はウィトゲンシュタインが言う事ならば、どんなに奇妙に思われようと、一度は呑み込んでみる」という趣旨の発言をされたのである。ここで勝手な想像をすれば、大森先生は、「私は、私自身の痛みからのみ、痛みの何たるかを知るのである！」という主張（実は、これは大森先生自身の主張であった）に対してウィトゲンシュタインが行った批判（「かぶと虫」の比喩が出てくる『探求』第二九三節）に納得がゆかず、一度は呑み込んでみたものの、持て余していたのではないか。しかし大森先生は、最終的にはこの論点に関し、ウィトゲンシュタインの言う事──即ち、ウィトゲンシュタインの言語ゲーム論──に限りなく近付いたのではないか。

さて、大森先生は、実に様々なことを論じてきた。その中で、歴史に残るであろうと思われるものを私なりに挙げてみれば、予言破りの自由、知覚の因果説批判、重ね描き、知覚作用の否定、ことだま論、表象の空転、立ち現われ、虚想、アニミズム、実践優位の真理論、「実物」解釈、過去透視、脳透視、共変、空間の時間性、項目的「私」の否定、状況としての「私」、言語的制作、語り存在、等々である。これらを通して大森先生が論じてきた事を一言で言えば「二元論の否定」であり、「心的なもの」の世界の側への全面的返還なのである。そしてこの仕事は、最終的には「物語り論」として結実する、と私には思われる。

以下で私は、大森哲学の展開を彩る幾つかの主題を、ウィトゲンシュタインとの関係で論じてみたい。引用はすべて『大森荘蔵著作集』（岩波書店）による事とする。

2　散文精神の哲学

もし、大森荘蔵の膨大な文章の中から好きなものを一つだけ選べ、と言われたら、私は躊躇なく、「以下で、その凡々たる事実を平坦に述べてみたい」という文章を選ぶであろう。彼の哲学の展開の中で大きな節目をなしたと思われる論文「ことだま論」の冒頭において、彼は「言（コト）は事（コト）をよびおこす」という「ことだま」の力には、ひとかけらの神秘もなく、むしろ、平々凡々たる事実があるだけであるように思われるとして、「以下で、その凡々たる事実を平坦に述べてみたい」と言うのである。（『物と心』（『著作集』第四巻）一一五頁）しかし、その平凡な事実が、真理や実在についての我々の抱いている考えに訂正を迫る事になろう、という訳である。私はここに大森哲学の核心を見たい。

大森のこの散文精神は、『新視覚新論』（『著作集』第六巻）の序文において、次のように言われている。

いうまでもなくこれ［（『新視覚新論』という題名）］はバークリィの『視覚新論』に基づいている。この、著者若年二四歳の小著を私がほぼ同年に初めて読んだとき深い印象をうけた。その大胆な思考、鋭利な分析もさることながら、私が何より感銘をうけたのはその散文精神であった。哲学は語るものであって歌うものではない、という態度であった。

それでは哲学は何を語るのか。大森は、その最初の論文集『言語・知覚・世界』(『著作集』第三巻)の序文において、次のように言っている。

> 哲学が常に面するのはこの世界と人間である。それは科学と異ならない。だが哲学は望遠鏡や電子顕微鏡で世界と人間を探索するのではなく、世界と人間のあるがままのあり方を「みてとる」ことを求める。……哲学は科学のように新事実を発見したり新理論を発想しはしない。哲学に新事実というものがあるとすれば、それはかくし絵の中のかくされた姿をみてとること以外ではない。そのかくされた姿とはすでにそこにあからさまに在り、すでに見られていたものである。すでに見られていたものを「みてとる」こと、それが哲学なのである。科学が news に向かうとすれば、哲学は new look に向かうのである。

大森によれば、哲学とは、世界と人間のあるがままのあり方を新しく「みてとり」、それを言葉に定着する作業なのである。

この哲学観は、基本的にウィトゲンシュタイン的なものである。

3　言語主義

大森のこの哲学観は、彼の哲学において一貫している。そしてまた、この哲学観のもとで彼が取り組んだ中心問題も、彼の哲学において一貫している。それは、「存在と意識」或いは「物と心」の関係であり、その観点からみた自然科学的世界像のもつ意味の探究である。（『言語・知覚・世界』序文）

前者に属する問題の中で、彼が特に力を注いだと思われるのが「他我問題」とか、「他人の心の問題」とかと言われるものである。即ち、他人の心、ないしは、それについての言明を如何に理解すべきか、という問題である。

彼は先ず、例えば他人が「胃が痛い」と言うとき、私はこの言明を他人の胃の痛みについての描写ととることは出来ない、と言う。何故なら、他人の痛みは、私には経験することが論理的に不可能であるから。私には経験することが論理的に不可能であるものについて、他人が何か描写したとしても、その描写は、私には理解も想像も出来ないであろう。即ちそれは、私には無意味であろう。にもかかわらず、私には、他人の「胃が痛い」という言明は無意味ではない。そこで彼は、他人の

「胃が痛い」という言明の発言を、その人の「胃痛」を構成する振舞の一部として受け取る。この発言以外にも、「胃痛」を構成する振舞は多々ある。身をよじる、ものが食べられない、冷汗をかく、等々、挙げればきりがない。これら無数の振舞とならんで、他人の「胃が痛い」という発言も、その人の「胃痛」を構成する振舞の一部なのだ、というのである。（『言語・知覚・世界』第I部の二「他人の言葉」）

　そうであるとすれば、今度は私の、「彼は胃が痛いのだ」という他人の胃痛についての言明は、その人の振舞の描写にある意味で還元されることになる。

　そこで問題は、その「還元」は如何なる意味での還元か、という事になる。ここで大森は、彼独特の還元論を提示する。彼は、次のように言うのである。

> まず、AをBに還元するとき、Bの項目が無限になることは認めねばならぬ。それを例えば、B_1、B_2、B_3、……としよう。さらに、このB_1、B_2、B_3、……を具体的に書いてゆく方針（中略）は、Bの中にとどまる限り見当たらぬことも認めねばならぬ。しかし、その方針をAが与えると考えるのである。すなわち、Bの領域で任意に一つの命題をとった時、それがB_1、B_2、B_3、……の集合に属するか属しないかは、Aの意味によって判別するのである。（『言語・知覚・世界』四〇頁）

したがって、

> AがBに還元されるということは、Aを言う言葉を消去してBを言う言葉で置き換えられるということではなく、逆にAを言う言葉は消去不可能であり、それこそBの集合を指定する言葉なのである。(『言語・知覚・世界』四一頁)

そうであるとすれば、身をよじり、ものが食べられず、冷汗をかきながら、「胃が痛い」と言う他人を眼の前にして、私が「彼は胃が痛いのだ」と言うとき、この言明は、身をよじり、……、といった彼の外的表出を根拠にしているとはいえ、それらの外的表出に尽きる訳ではないのである。この大森流の還元論によれば、結局は、或る「心ある振舞をする」事によって「心がある」と言われるのであるが、しかし、「心がある」という事は或る「心ある振舞をする」事ではないのである。したがって彼の哲学は、「現象主義」ではなく、現象に対する言語の優位性――現象をまとめるための言語の不可避性――を主張するところの、一種の「言語主義」であるといえよう。そして、実はこの種の「言語主義」は、後期ウィトゲンシュタインのものなのである。例えば、『探求』の第七〇節を見よ。そこにおいては、こう言われているのである。

私が「大地は完全に植物で被われている」という記述を与えたときに、私が意味していた事についての説明は、例えば、或る絵を描き、そして「大地はおおよそこのように見えた」と付け加える事であろう。おそらく私は、「大地はまさしくこのように見えた」とも言うであろう。――［対話者は言う。］そうであるとすれば、この絵に描かれているこれらの草と葉は、この姿で、まさしくそこにあったのか？――［ウィトゲンシュタインは言う。］そうではない。「大地はまさしくこのように見えた」という事は、この絵に描かれているこれらの草と葉は、この姿で、まさしくそこにあったという事を、意味してはいない。そして私は如何なる絵をも、このまさしくそのとおりという意味で、正確なものと認知してはいないのである。

言語的記述は、一群の家族を構成する風景あるいは絵をまとめる役目をしているのである。そして大切な事は、同じ言語的記述にまとめられている風景は、その意味で、同じである、という事である。勿論、絵の場合も同様である。そしてこの意味で、言語的記述は、風景にも絵にも先行するのである。言語的記述あっての風景であり絵である、という訳である。

4　ことだま論

大森荘蔵には「ことだま論――言葉と「もの-ごと」――」という長い論文がある。彼のこの五〇頁を越える論文は、色々な点で興味深い。ここでその一つを挙げれば、それは、彼が後期のウィトゲンシュタインを引用し、かつ、後期のウィトゲンシュタインに深い理解を示しながら、尚かつ、後期のウィトゲンシュタインが最も忌み嫌った「意味の対象説」的な考えから抜け切っていない、という点である。

大森は言う。

> 話者の「今朝加茂川の水かさが増した」という声を聞いたとき、わたしに水かさの増した加茂川、今朝の加茂川が「知覚的にではなく、思い的に」立ち現われる。このとき、話し手の言葉の「意味」がわたしに立ち現われるのではなく、じかに水かさの増した加茂川、しかも今朝という過去の加茂川が立ち現われるのである。また、まず第一に話し手の言葉の「意味」を了解し、その「意味」を「通して」今朝の水かさの増した加茂川が立ち現われるのでもない。そのような「意味」が仲介者として登場する余地はどこにもない。そのような「意味越し」に「――「意味」

を「通して」――」加茂川が立ち現われていはしない。加茂川はまさにじかに立ち現われている。……しかし、……今朝水かさの増した加茂川が一定不変の仕方で立ち現われるわけではない。時と所と話し手の変る毎に、その立ち現われ方もまた変わる。また、わたしの加茂川への親しみの増すにつれそれは変わる。そのときの加茂川への興味の多少につれてもそれは変わる。……一方、今朝水かさの増した加茂川の立ち現われ方がいかに毎回変わるにせよ、それは昨日水かさの減った加茂川の立ち現われ方とは区別できる。ということは、毎回変るその立ち現われ方も、他の「こと」や「もの」の立ち現われの中では、「似たもの同士」として一つのグループを作る。もし「意味」なるものを想定するとすれば、それはこのグループを名指すものとする他はあるまい。すなわち、「今朝加茂川の水かさが増した」という言葉の「意味」とは、千差万別でありながら互いに相似る立ち現われ方のグループなのである。(『物と心』(『著作集』第四巻)一三六―一三八頁)

私には、この引用の中に、大森の論点が陰に陽にすべて顔を出している様に思われる。彼によれば、「今朝加茂川の水かさが増した」(A)という声を聞くと、わたしに水かさが増した加茂川が思い的にじかに立ち現われるのである。それはAの「意味」といわれるものを媒介にしての立ち現われでは無く、まさにじかに立ち現われるのである。これが彼の言う「無・意味」論の具体例であり、

「ことだま」の働きと言いたくなる事の具体例なのである。しからば、そのじかに立ち現われた加茂川、水かさの増した加茂川が、Aの意味なのであろうか。そうではない。その立ち現われ方は種々様々に変動する。しかしその変動する立ち現われ方は、似たもの同士として一つのグループを作る。そしてAの「意味」とは、千差万別でありながら互いに相似るそれらの立ち現われ方のグループなのである。

あるいは、言われるかもしれない。そのような思い的なじかの立ち現われは、結局は、今朝加茂川の水かさが増した、という事の「表象」ではないか、と。すなわち、今朝加茂川の水かさが増した、という客観的事実が一方にあり、そして今わたしはAという声を聞いて、その事実の表象を得たのではないか、と。しかし大森によると、そうである必要はない。(『物と心』一二七―一三〇頁)彼によると、次の様に考えることも可能なのである。

本物の加茂川が二つの仕方でわたしにじかに「立ち現われる」。「表象」なるものを「通して」ではなく、じかにである。一つの立ち現われ方は、知覚的に立ち現われる仕方である。加茂川がその立ち現われ方をするのは、わたしが加茂川のほとりに居り、肉眼で眺め、あるいは、手を入れてその水に触れる場合である。それに対して今一つの立ち現われ方は、今のように、わたしは遠く離れて加茂川を「思う」ときの立ち現われ方で、その場合は見たり触れたりできない、つま

り知覚できない。(『物と心』一三二頁)

そして彼によると、ここで「本物の加茂川が二つの仕方でわたしにじかに「立ち現われる」」と言うとき、それは、本物の加茂川というものが客観的にあって、それが二つの仕方でわたしにじかに立ち現われると言うのではない。その様な神秘的な事はあり得ない。そうではなく、彼によると、実は次のようなのである。

　立ち現われるのは「立ち現われ」だけである。「対象」が「現出する」のではなく、現出しているのはただその「現出」のみである。「立ち現われ」が或る「同一体制の下に」立ち現われている、それだけであり、そこにとどまる(『物と心』一五一―一五二頁)

のである。そしてその様なとき、我々はそのことを、「本物の加茂川が二つの仕方でわたしにじかに「立ち現われる」」と言うのである。知覚的でない場合について簡単に言えば、次の様になる。私は(1)言葉に触れられて、(2)「立ち現われ」が「じかに」立ち現われる。それでおしまい(『物と心』一五三頁)、というわけである。したがって、彼の言う「じかに」には、「意味」を媒介にしないという意味での「じかに」の他に、「表象」を媒介にしないという意味での「じかに」があるのである。彼によれば、「表象」の媒介無しに、本物が「じかに」立ち現われる――これは「「無・表象」論」と言われてよいであろう――のであり、「じかに」立ち現われた本物の他に、本物が客観的にあるわけではないのである。この点は大切な所であり、一元論を徹底した当然の帰結であろう。

実を言うと私は、彼の言う「無・意味」論とか、「ことだま」の働きと言いたくなる言葉の働きに関する彼の見解には、全く賛成ではあるが、しかし同時に特に感銘を受けはしなかった。何故ならそれらの論点は、基本的には、ウィトゲンシュタインとオースティンの論攷の中に含まれており、私自身、彼らの論攷を通してそれらの論点にはすでに触れていたから。例えば、ウィトゲンシュタインが『探求』で展開した「規則論」は、大森の言う「無・意味」論の論理的基礎付けであろう。そして、ウィトゲンシュタインが『青色本』で展開したところの、「キングスカレッジは火事である」という偽な命題についての論攷は、言わば、「無・表象」論の論理的基礎付けであろう。更に、オースティンが *How to do Things with Words* (Second Edition, Harvard University Press, 1975、坂本百大訳『言語と行為』大修館書店、一九七八）で展開したところの、ロキューション（発語行為）・イロキューション（発語内行為）・パロキューション（発語媒介行為）の言語行為論は、「ことだま」の働きと言いたくなる言葉の働きの、徹底した分析にほかならない。

しかし残念ながら大森が、「今朝加茂川の水かさが増した」（A）という言葉の「意味」とは、千差万別でありながら互いに相似る立ち現われ方のグループなのである、と言うとき、私は彼から離れざるを得ないのである。

ウィトゲンシュタインによると、言語は「言語ゲーム」において考えられなくてはならないのである。「言語ゲーム」こそが実在なのであり、言語はその構成要素の一つに過ぎない。マルカムは、彼の有名な『ルートヴィッヒ・ウィトゲンシュタイン――或る回想――』のなかで、理論物理学者ダイソンが覚えていたウィトゲンシュタインについての逸話の一つを、こう記している。「ある日、ウィトゲンシュタインがフットボール・ゲームの行われているフィールドのところを通ったとき、初めて彼に突然、言語において我々は、［色々な］語で［色々な］ゲームをしているのだ（in language we play *games* with *words*）、という思いが襲った。彼の哲学の中心的アイディアである「言語ゲーム」という考えは、明らかにこの出来事に起源を有している。」（N. Malcolm, *Ludwig Wittgenstein——A Memoir——*, Second edition, Oxford University Press, 1984; p.55）ここにおける「言語において」を「生活において」で置き換えれば、「生活において我々は、［色々な］語で［色々な］ゲームをしているのだ」という文が生まれるが、これこそウィトゲンシュタインの「言語ゲーム」の思想に外ならない。

実際には、フットボールよりはテニスの方が今は例として適切であるので、テニスを例にして話をする事にする。ウィトゲンシュタインは、例えば、我々のコミュニケイションは、テニスがボールのやりとりで行われるゲーム――即ち「ボールゲーム」――であるように、言語のやりとりで行われるゲーム——即ち「言語ゲーム」——なのだ、という様に理解したと思う。この比喩は、必ずしも陳腐ではない。何故ならこの比喩は、テニスというゲームにおいては、プレイヤーの心の動きといったものは、厳然としてあるにも拘わらず、そのゲームの構成要素の中には入って来ない様に、我々のコミュニケイションにおいても、当事者の心の動きというものは、やはり厳然としてあるにも拘わらず、コミュニケイションというゲームの構成要素の中には入って来ない、という事を示唆しているから。第一、テニスのルールには、プレイヤーの心の動きに拘わる項目は、一つもない。したがってプレイヤーは、ルールに反しない動きをする限り、どんな思い的立ち現われを抱いていようと、かまわない訳である。その上、プレイヤー自身にしてみても、問題は結局はどんな球を打つか、相手がどんな球を打ち返してくるか、……といった外的な物的な動きなのであって、勝負は全てそこにおいて決まるのである。プレイヤーの心の動きというものは、確かにその人のプレイに関係する。しかし、勝敗は最終的には外的な物の動きで決まるのである。そしてこれらの事は、我々のコミュニケイションにおいても、同様なのである。

例えば、同僚が私に電話で「今朝加茂川の水かさが増した」（A）と告げたとする。そのとき私は、役目として、加茂川の下流の水門を開けねばならないのだ、とする。このとき私は、その同僚のAという声を聞いて、どんな思い的立ち現われが立ち現われるであろうか。それは勿論、「水かさが増した加茂川」である事もあろう。しかし、私にはその同僚のAという声は、「水門を開けろ」

という命令にも聞こえるのである。いやむしろ、その方が普通であろう。したがって私は、おそらく「オッケー」とか「わかった」とかと答えるであろう。ここにおいては、「水かさが増した加茂川」が思い的に立ち現われる必要はないし、たとえそれが立ち現われたとしても、それだけではAの意味を理解した事にはならないのである。この場合、私が同僚の発したAの意味を理解したという事は、私にどんな思い的立ち現われが立ち現われようと、とにかく現実に水門をあける、という事なのである。ここにおいては、私における思い的立ち現われは、実は関係がないのである。ゲームの勝敗は、最終的には物の動きで決まるのであって、心の動きで決まるのではない様に、コミュニケイションの成立不成立も、最終的には発言を含めた人々の動きによって決まるのであって、当事者における思い的立ち現われによって決まるのではない。この場面においては、思い的立ち現われは、遊んでいるのである。そうであるとすれば、Aという言葉の「意味」とは、千差万別でありながら互いに相似る立ち表われ方のグループなのではない、と思われる。大森の言う「無・意味」論はもっと徹底されねばならず、そうすれば彼の立場は、もっとウィトゲンシュタインとオーステインに近づくであろう。

ここで大切な事は、如何なる言語行為も何らかの生活場面においての事である、という事である。「裸の言語行為」というものは存在しない。例えば、同僚が私に電話で「今朝加茂川の水かさが増した」（A）と告げたとき、先の例とは違って、その後に「だから、楽しみにしていた今日の船遊びは中止しよう」という言葉が続くかもしれない。しかし、何らの前後関係もなく、同僚が私に電話でただ「今朝加茂川の水かさが増した」（A）と言っただけで電話を切ったとすれば、私は全く狐につままれた様な気がして、困惑するだけであろう。勿論この場合私は、或る意味で「今朝加茂川の水かさが増した」という文章を理解する。何故なら、その文章では、私が理解する単語が私が理解する構文で配置されており、したがって私は、その文章を有意味に使用出来る場面を幾らでも想像する事が出来るから。しかし私は、その文章が何らの前後関係もなく使用された場合には、困惑するのである。私は、そのときには、その文章を理解出来ないのである。ここで我々は、文章の「裸の意味」――言わば、文章の「言語的意味」――と、文章の「（前後関係という）衣を纏った意味」――言わば、文章の「生活的意味」――を区別しなくてはならない。そして、我々にとって意義があるのは後者であって、前者は後者のための予備的なものなのである。勿論、纏った衣には、厚い薄いいろいろ有り得る。しかし、それが生活の中で使われて理解可能であるためには、たとえどんなに薄くとも、何らかの衣を纏っていなくてはならない。「ああ疲れた」という小さなつぶやきでさえ、それがそう言われ得る状況――前後関係――においてのみ、他人には理解可能なのである。そして、それによって、本人は少しは心が癒されるのである。ここで本題に戻れば、前後関係無しに、ただ「Aという言葉の「意味」とは、千差万別でありながら互いに相似る立ち現われ方のグループなのである」と言うのでは、事の本質を逸していると思わざるを得ないのである。

5 アニミズム

他人は、「心ある振舞をする」事によって、「心がある」と言われるのであるが、それは単に、「心がある」と言われるだけなのか。他人の「痛みの振舞」の奥には、感覚としての「痛み」が実在するのではないのか。我々には、この思いが去り難くある。しかし、私が知っている痛みは、私自身が感じた痛みのみである。私は、論理的に、他人の痛みを感じることは出来ない。何故なら、もし私が他人の痛みを感じるとすれば、言葉の意味上、私自身が痛みの振舞をする事になり、そこに感じられる痛みは私自身の痛みに外ならない、という事になるから。したがって私は、他人の痛みを想像する事もできない。論理的に感じる事の出来ないものは、想像する事も出来ないであろうから。しかし、現実には私は、他人の痛みを想像してはいないであろうか。

そこで大森は次のように言う。

私は、他人が私の経験に似た経験をしていると想像しているつもりでも、実は想像しているのはその他人になり変わった私自身［の経験］なのではあるまいか。そして想像の中であっても私は終始私であって彼ではない。私に想像可能なのは、彼の立場にある私の痛みであって彼の痛み

> ではない。私にできるのは私の自作自演の想像だけではあるまいか。だがこれは何とも奇妙な状況である。(『流れとよどみ』(『著作集』第五巻) 六〇頁)

この困惑に対し、大森は次のように言う。

> 上述の困惑は、解決されるべき困惑なのではなく、逆に人間の理解の基となるべき「事実」であることを認識すべきではないか、私はそう思う。人が激痛でうずくまり冷汗を流している。だが正直なところ私自身は少しも痛くない。痛くもかゆくもない。だが私は心痛する。しかし私は彼が痛い、ということを想像していはしない。その想像は不可能だからである。私が想像しているのは彼になり変わった私の痛みである。しかしだからといって私はこの想像上の私の痛みに心痛しているのではない。(想像された痛みは少しも痛くない。) そうではなく、私の心痛の対象はまさに彼なのである。この一見まことに奇妙な状況、この状況をわれわれの言葉では「彼が痛がっている」と言うのである。(『流れとよどみ』六〇―六一頁)

そうであるとすれば、「彼が痛がっている」ということは――先に「言語主義」のところで述べたように――ただ単に彼が痛みの振舞をしているという事ではないだけではなく、そこには、私自身が彼になり変わって私の痛みを想像している、という事も含まれているのである。いわば、私自身の痛みの想像を彼の体に「吹き込んだ」わけである。痛みにもだえる彼は、これで初めて、その内実を得るのである。

痛みについて言えるこの様なことは、基本的には、心的現象一般についても言えなくてはならない。そこで大森は、次のように言う。

他人をして心あるものにする、それはあなたがするのです。あなたが他人に心を「吹き込む」のです。他人の心を「信じる」のではなく、あなたが他人の心を「創る」のです。（『流れとよどみ』一一二頁）

勿論、私がその「吹き込み」を止めることは、原理的には可能である。しかしそうすると、他人はすべて心のない自動機械になり、私は全く人気の無い荒涼たる世界に独り生きることになる。そしてこのときは、既に私自身が人間でいられなくなっているであろう。それ故、我々は人間でいる限り、お互いにこの心の「吹き込み」を止めてはならないのである。ここで大森は次のように言う。

昔の人々はずい分寛容でおう揚なアニミズムをとっておりました。獣、魚、虫、はいうにおよばず山川草木すべて心あるものだったのです。それに較べ近頃の人々のはひどくせちがらいアニミズムです。縁故血縁関係を中軸にしたアニミズムだといえましょう。（『流れとよどみ』一一一―一一二頁）

大森によれば、他人を理解するという事は最も狭い意味でのアニミズムである、というのである。

なお大森はその後、現代科学の下においても、なお昔の人々のおう揚なアニミズムが可能である事を論じ、「空や庭は有情のものであり、誤解を恐れずにいえば、心的なものなのである」（『知の構築とその呪縛』（『著作集』第七巻）一七六頁）と言い、更には、最後のエッセイ「自分と出会う――意識こそ人と世界を隔てる元凶」（「時は流れず」（『著作集』第九巻）三八二頁）において、「簡単に云えば、世界は感情的なのであり、天地有情なのである」とさえ言うに至るのである。亡くなる三カ月前の事である。

「天地有情のアニミズム」という、この大変東洋的な大森の洞察は、ウィトゲンシュタインには無かったものである。大森は、この点では、ウィトゲンシュタインを超えたと言ってよいであろう。

他方、『青色本』においてウィトゲンシュタインは、論理的には我々は、他人の身体に自分自身の痛みを感じることが可能である、という事を執拗に論じている。（例えば、黒崎宏訳・解説『『論考』『青色本』読解』（産業図書、二〇〇一）八一―八八頁を参照。）そして、更に、次のように言うのである。

我々が、或る人が痛みに苦しんでいる様をまざまざと想像する際には、我々のそのイメージの中に、彼の痛みが［彼によって］感じられると我々が言う場所に対応する［私の］場所に感じられるところの、痛みの影とでも呼ばれるべきものが、しばしば入り込む。（八九頁）

ウィトゲンシュタインによれば、我々は、他人の歯に自分の痛みを感じる事は可能なのであるから、当然、他人の歯に自分の痛みを想像する事も可能なのである。そしておそらくその時には、自分の歯には痛みの影とでも呼ばれるべきものが感じられるのである。そして、これらの事によって初めて、歯痛に苦しむ彼は――人間として――その内実を得るのである。これが、ウィトゲンシュタインの洞察――大森の「天地有情のアニミズム」に対応する洞察――であると言えよう。

6　物語り論

以上で述べてきたように、大森荘蔵の「散文精神の哲学」と「言語主義」は非常にウィトゲンシュタイン的であり、「天地有情のアニミズム」はむしろウィトゲンシュタインを超えているが、しかし、「ことだま論」はウィトゲンシュタイン的ではない。ところが、大森が晩年に『時間と自我』で展開した「過去の制作」と「言語的制作としての過去と夢」という思想は、非常にウィトゲンシュタイン的である。*そこにおいて大森は、「過去についての想起」と「夢についての想起」を並列させて論じるという、全く独創的な着想によって、過去も夢も実は言語的に制作されたものに外ならない、という結論に達するのである。この結論は、非常に重要である。何故ならこの結論は、世界は、〈物的世界〉でも〈事的世界〉でもなく、実は〈言語的世界〉である、という結論に至る突破口になるから。

「夢は眠ってみるのではなく目覚めて想起するものなのである」（『時間と自我』（『著作集』第八巻）七七頁）。我々は、現在形で「夢を見る」あるいは「夢を見ている」と言う事は出来ない。我々は夢については、目覚めてのち想起して、過去形で「夢を見た」と言う事が出来るのみなのである。そして同様に我々は、過去の事象について現在形で「見る」あるいは「見ている」と言う事は出来ない。我々は、過去の事象については、今から振り返って、過去形で「見た」とか「しかじかであった」とか言う事が出来るのみなのである。

もちろん我々は、夢や過去の事象を――語る事なく――端的に想起する、あるいは、過去の情景を――語る事なく――端的に想像したり描いたりする事は出来る。しかしそれらの想起された夢や出来事そのもの、そしてまた想像されたり描かれたりした情景そのものには、それらが過去のものであるという事（言わば、それらの「過去性」）は含まれていない。我々はそれらを〈過去のもの〉として想起したり想像したり描いたり、あるいは見たりする事が出来るのみなのである。したがって「過去性」とは、即ち、人間の方から与えられるものなのである。それゆえ「過去」という概念なしには、即ち、「過去」という言葉なしには、過去はあり得ないのである。過去というものは、実は、言語的に成立させられるものなのである。言語とは独立に〈過去というもの〉が実在するわけではない。過去の事象とは、人間によって過去の事象とされた出来事のことであり、それ以上でも以下でもないのである。そしてもちろん、同じ事が未来についても言える。

ところで、想われたり描かれたりした事が如何なる事であるかという事も、当の、想われたり描かれたりした事そのものには、含まれていない。それらが如何なる事であるかという事は、それら想われたり描かれたりした事にかかわる話し、即ち、それら想われたり描かれたりした事を挿絵とするところの物語りにおいて、明らかにされるのである。挿絵の意味は、それを挿絵とする物語りにおいて与えられるのであって、その逆ではない。したがって、想われたり描かれたりした事の背後には、それらに意味を与える物語が控えているのであって、事の本質は物語りにあるのである。

以上のようであるとすれば、過去の出来事とは、人間によって過去の出来事として語られた物語りのことであり、それ以上でも以下でもない事になる。この点は、大森によれば、こうなるのである。

過去記述は言語による記述であって非映像的、非知覚的であり、高々その記述の挿絵として映像が働くに過ぎない。……言語の意味、そして過去想起から、一切の映像を断絶する試みがウィトゲンシュタインの言語ゲーム論であったと私には思える。……言語ゲーム論に同意するには、あらゆる映像的意味を拒絶してその禁断症状に耐える必要がある。(『時間と自我』八三頁)

さて、言語ゲーム論に同意するという事は、言語ゲームを所与とみなし、それ以外の実在を認めない、という事である。したがって、大森によれば、こうなのである。

過去形の語りの中で過去なるものがはじめて出現するのだ、と心を鬼にして考えるのである。言語ゲーム論は［実在論に対する］この不自由な逆転を要求し且つそれを可能にするのであり、そうでなければ言語ゲーム論は一片の平凡なリマークでしかないだろう。(『時間と自我』八四頁)

こう言ったのち、大森はこう続ける。

過去とは言語的に制作されたものである、と言えるだろう。……未来もまた同じく言語的制作と言わねばならない。それに止まらずおよそ知覚不能な事態、例えば遠隔の地の現象とか分子原子レベルの現象、そしていうまでもなく想像上の事態等々。それに何にも増して数学の全域はすべて言語的制作なのである。(『時間と自我』八五頁)

かくして大森は、次なる著作『時間と存在』(『著作集』第八巻)において「語り存在」について語り、その次なる最後の著作『時は流れず』(『著作集』第九巻)においては、「物語りとしての過去」を語るのである。

私は、大森哲学が最後に到達したこの「物語り論」――言語ゲーム論に基づいた「物語り論」――に、大森荘蔵の最後のそして最大の光芒を見る思いがする。この最後の大森哲学によれば、人間が消え失せた後に残る世界――物自体の世界?――には、時間は存在しないことになる。そして私は、このぞっとする結論に完全に同意する。もっとも、カントの場合にも同じ事になるであろうが。

＊ ちなみに、大森が『時間と自我』の末尾で展開した「風情と感情」という章も、非常にウィトゲンシュタイン的である。大森はその章の冒頭において、この章では「感情とは認識の一形態である、という一見信じがたいような結論」が引き出される、と言っているが、同じ系統の思想が後期のウィトゲンシュタインにも流れているのである。

ウィトゲンシュタインは『探求』第II部において、こう言っている。

「私は……と信じているが、しかし……ではない」［という言明］は矛盾であろう。（一九一頁b）

この言明は一般に「ムーアのパラドックス」と言われるものの一タイプである。さて、もし「私は……と信じている」という表現が報告者自身の心の状態を記述しているならば、〈私は……と信じているが、しかし……ではない〉という事態は十分に成立可能なのであり、したがって「私は……と信じているが、しかし……ではない」という言明は矛盾ではないことになる。したがって、「私は……と信じている」という表現は、報告者自身の心の状態を記述しているのではない。それは、大森の言い方を借りれば、認識の一形態なのである。

この論点についてウィトゲンシュタインは、一九四四年一〇月のムーアへの手紙で、こう言っている。

親愛なるムーア様

あなたが昨日「モラル・サイエンス・クラブで」我々のために論文発表をして下さった事が私にはどんなに嬉しい事だったかを、私はあなたにお伝えしたいと思います。私の見るところ、［その論文の］最も重要なポイントは、「この部屋には火があるが、しかし私は、［この部屋には火が］あるとは信じない」という言明の「不合理さ（absurdity）」でした。［さて］あなたは、この不合理さを「心理的理由による不合理さ」と呼んでいたと思いますが、そう呼ぶことは、私には誤りである――或いは非常に誤解を招きやすい言い方である――と思われます。(〔例えば、〕もし私が或る人に「隣の部屋には火がありますか?」と問い、そして彼が「私はあると信じます」と答えれば、私は「見当違いなことを言うな。私は君に〔隣の部屋の〕火について問うているのであって、君の心の状態について問うているのではない!」などとは言えません。)……

そしてこの事は、彼の「私はあると信じます」という答えは、隣の部屋の火について言っているのであって、彼の心の状態について言っているのではない、という事を物語っているのである。

7 『知の構築とその呪縛』について

先に5節の「アニミズム」で述べたように、大森荘蔵は『知の構築とその呪縛』において、現代科学の下においても、なお昔の人々のおう揚なアニミズムが可能である事を論じ、「空や庭は有情のものであり、誤解を恐れずにいえば、心的なものなのである」(一七六頁)と言う。それでは、この『知の構築とその呪縛』という著作は如何なる著作なのか。それは、現代思想を呪縛していると考えられる自然の「死物観」を歴史的に追求し、現代科学の下でもなお、古代・中世の自然の「活物観」――「物活論」――が可能である事を示す試みなのである。

この著作は、ウィトゲンシュタインとは直接は関係ないが、しかし極めて重要な論点を含んでいるので、ここでその骨子を紹介するとともに、幾らかの問題点を指摘し、私見を述べることにする。まず、著者によると、こうなのである。(以下は、私による要約である。)

元来世界観というものは、単なる学問的認識ではない。それは、学問的認識を含んでの全生活的なものである。そしてこの全生活的な世界観に根本的な変革をもたらしたのが、ガリレイに始まる近代科学であったと思われる。近代科学によって、特に人間観と自然観がガラリと変わり、それが人間生活のすべてに及んだのである。まず、活物的自然観に代わって、死物的自然観が支配するところとなった。自然は死物的原子分子や電磁場以外の何ものでもない、となったのである。近代科学では、原子分子や電磁場は、ただ幾何学と運動学の言葉だけで語られる死物だからである。その自然の死物観が人間の肉体にまで及ぶことは当然の、いや不可避のことであった。分子生物学が成立した現代では、いわゆる生命現象もまた無生物的な物理化学的過程として理解され得る、という事に反対する科学者は、もうほとんどいない。こうして、人間の肉体もほぼ死物化された。そして心の座とされる脳も、現在その死物化が進行中である。その結果、人間の「心」は自然世界からはみ出してしまった。そして、一人一人の「内心」に押し込められてきたのである。こうして感情も、美的感覚も、道徳観も、すべて、個人的主観的なものとして、それぞれの「内心」に押し込められる事となったのである。このような、外なる（肉体を含んでの）死物自然と内なる心の分離隔離、それが近代科学がもたらした現代世界観の基本的枠組みなのである。

しかし現代の我々は、このような世界全体の徹底的な死物化、その中でのエアポケットのようなバラバラに散在する各人の心、この図柄に疑問をおぼえ始めている。これはおかしい、と。その通り、実はこの現代の世界観はおかしいのである。それでは一体、どうしておかしくなったのか。それは、まさに「科学革命」と言われる近代科学の出発点において、近代科学の旗手とも言うべきガリレイとデカルトによって一つの基本的誤りがなされ、そしてその誤りが現代の我々にまで引き継がれているから、なのである。その誤りとは、客観的事物にはただ幾何学的・運動学的性質のみがあり、色、匂い、音、手触り、といった感覚的性質は人間の主観的印象に属する、というガリレイとデカルトのテーゼである。一言で言えば、第一性質と第二性質の引き離しである。

この一見、哲学者のおしゃべりに任せておけばいいと見えるテーゼが、まさに自然の死物化とそれに伴う心の内心化の出発点だったのである。しかもこのテーゼには、かの悪名高き「知覚の因果説」が含まれている。何故なら、このテーゼによれば、日常我々が見たり聞いたりしている色あり音ある風景風物は、各人それぞれの「心の中」（意識の中）の印象に過ぎず、それらは外なる客観的事物から感覚器官を通して脳にとどいた作用によって生じたものだ、という事になるからである。しかしそうすると、我々の毎日の生活は各人それぞれの意識の中で行われているだけであり、そしてそれは、外部の客観的事物からの作用を受けた各人の脳によって、各人各様に生ぜしめられたものだ、という事になるのである。こう見てくると、このテーゼには非常識な帰結が伴うことがわかる。しかし科学者、特に医学者と生理学者は、このテーゼの下で現に人体を研究してきている。そして彼らの専門的研究の下に、我々素人の人体観が作られ、それが我々の人間観を支配しているのである。しかし、このテーゼは誤りである。そしてこの誤りは、近代科学の進展の本筋に、そばから紛れ込んだものであり、したがってこのテーゼを取り除いても、近代科学の個々の具体的内容には何の変更も必要がないのである。

それでは、このテーゼは、具体的には如何にして生じてきたのか。それは、古代中世の略画的世界観の密画化の過程において、なのである。略画とは、世界を時間空間的におおよそに描写して細部に留意しない画像のことである。それが漸次精密化されてゆくことが、即ち密画化である。ところがこの「密画化」は、不可避的に「数量化」を伴う。そしてこの「数量化」を誤解することによって、ガリレイとデカルトは、あの誤ったテーゼに陥ったのである。それでは、彼らは数量化をどう誤解したのか。数量化し得るものは、主として、物の形と位置とそれらの時間的変化である。つまり、数量化し得るものは、主として、幾何学・運動学的に描写し得るものなのである。そしてこの事から、彼らには、「世界の究極の細密描写は幾何学・運動学的描写である。そしてそれが世界の「客観的」描写である。」（九三頁）という考えが生まれ、更に進んで、「世界の描写は幾何学・運動学的描写で尽くされる」（九五頁）という考えが生まれて来たのである。このようにして彼らは、客観的事物にはただ幾何学・運動学的性質のみがあり、色、匂い、音、手触り、といった感覚的性質は人間の主観的印象に属するのだ、という、あの誤ったテーゼに陥ったのである。

しかし実は、大森によれば、略画的世界観が持っていた「活物観」は、その密画化によって失われる必要はなかったのである。そして逆に、ガリレイ－デカルトのテーゼを破棄しても、近代科学はもとのままなのである。但し、彼によれば、その為には、近代科学の描く世界像を、我々は彼らとは違った眼で見なければならない。それは、おおまかに言えば、〈日常生活の風景〉と〈科学者が原子分子や電磁場で描く世界〉は「すなわち」の重ね描きという関係にある、と見ることである。例えば生理学者は、「そこに見える色あり匂いある猫の脳はすなわち電位パルスやアセチルコリンが動いている脳細胞集団だと考えている」（一七三頁）のではないか。しかしこれは、結局、世界観の枠組み変更といった包括的な態度変更になるのであって、問題は単に理論的であるにとどまらず、人間の全生活を巻き込むことになるのである。大森によれば、それには恐らく半世紀から一世紀の時間が必要ではあるまいか、という。そして彼は、次のように言うのである。「本書の目的はその長い変革のただ門を開くだけのこと、即ち、まさに現代科学の下ででも、その変革（或いは［我々における］感性の復元）が理屈の上では可能であり、また当然であるということ、それを示すことだけに限られている。」（一五頁）

私は、大森荘蔵が『知の構築とその呪縛』で展開したこの見解には、大筋で合意する。しかし、その他の点で合意出来ないところもある。例えば、大森はこう言っている。

彼［（科学者）］は見えている場所に見えているままの形で鉄の原子という「物」の配列がある、と考えていることは確か……である。いい換えれば、彼は知覚風景によって「物」の存在と形を「定義」しているのである。そこに黒光りのする鉄片が見え、触れているそのことが、鉄原子集団という「物」がそこにその輪郭で「存在する」ことだ、と［定義］しているのである。だから彼にはその原子集団は直接見えるものなのであり、……（一五八頁）

そして大森は、この見解を支持するのである。更にまた彼は、次のようにも言う。

「物」と「知覚像」は一心同体の「同じもの」なのである。原子集団そのものに色があり、匂いがあり、暖かさ冷たさがあり、美しさ醜さがあるのである。ただ個々の原子や感覚できない小集団の原子は色があるのでもなければ色がないのでもない。それらは感覚できない、ということそのことによってそれらに色を云々することは無意味なのである。しかし一定程度以上の表面積をもつ原子集団には色がある。その原子集団そのものに、である。(一七三―一七四頁)

大森荘蔵は『知の構築とその呪縛』で、原子集団は「見える」し「色がある」としているのである。実は、この様な見解は、彼にとっては新しい見解なのである。何故なら彼は、旧著『物と心』においては、次のように言っているのであるから。

それら「(近代科学の素粒子や場)」は知覚されえない何ものか、したがって、知覚とは別種の様式、すなわち「考え」「思う」という様式で理解されるものである。素粒子はその小ささの故に知覚されえないのではなく、たとえ直径一メートルの球であったとしても知覚されない。それは、ただ「考え」られるものでなければならないからである。同じ理由で、科学的世界、科学的全宇宙もまたただ「考え」られるものである。(四九頁)

知覚されている本箱と、素粒子集団としての科学的本箱と、この二つの別種の本箱があるのではない。同じ一つの本箱の「見え」と「考え」があるだけなのである。(五〇頁)

通常の事物の描写では、科学はその事物の……輪郭に沿って素粒子集団や場を「考え」るのである。（五〇―五一頁）

ここにおいて「素粒子集団」を「原子集団」として読んでも、何の問題もないであろう。それでは、どちらが正しいのか。一体、原子集団は――直接であれ何であれ――見えるのか、ただ考えられるだけなのか。例えば、今私の眼前に、黒光りのする鉄片があるとする。このとき私は、それに「重ねて」鉄の原子集団を考えることは容易である。したがって問題は、私にその鉄原子集団は見えるのか、という事である。そこでしばらく、「見える」とか「見えている」とかいう事についての大森荘蔵の見解を聞くことにしよう。

大森は前著『新視覚新論』において、次のように言っている。その第三章の「2・四次元宇宙が見える」という節からの引用である。少し長いが、大森哲学の中での重要な部分の一つであるので、お付き合いねがいたい。

大体、「障子」が見えているということが既に「向こう側を遮っている障子」の風景なのである。向こう側、を抜き去り切り取った障子はもはや障子ではなく、壁は壁ではなく、そして上っ面は上っ面ではない。障子や壁の視覚風景には必然的にその「向こう側」が登場しているのである。なるほどその向こう側は「直接見えている」という形では登場していない。だがそれは「思われる」という形で登場しているのであり、そして退場することはありえないのである。それは「直接見えている」障子の姿の中に「思い籠め」られて出ずっぱりに登場している。その「思い籠め」なくしては障子は障子としても、紙の拡がりとしても、その他何であれ要するに「向こう側を遮っているもの」として「直接見える」ことができないのである。（六一―六二頁）

更にこの空間的表面に、現在というものがいわば時間的表面として対応する。過去はいわばその内部であり未来はいわばその向こう側なのである。いうまでもなく、現在は過去と未来に前後されての現在であり、この前後から離れて宙に浮き上がった現在などはありえない。だから現在（点的時刻ではない持続としての現在）の視覚風景もまた、その過去と未来とから切り取られての視覚風景ではありえない。（六二頁）

なるほど、その過去と未来は今「見えて」はいない。しかし今「見えて」いる樹木は、定かならぬしばらくの過去からそこにあり、そして定かならぬ未来にあり続けるだろう樹木として「見えて」いる。（六三頁）

現在の視覚風景の「かくかく」の中に過去と未来が否応なしに思い籠められているのである。老人の顔に風雪が刻みこまれ、年輪に星霜が刻みこまれているように、（六四頁）

こうして現在の視覚風景には、「直接見えている」ものの向こう側（つまり背後と内部）、そしてまた以前と以後が（思い、という様式で）立ち現れ、現前しているのである。それらの立ち現れなしには現在の視覚風景なるものがありえない、というよりももっと強く、それらの立ち現れがなくしては現在の視覚風景がこの特定の「かくかく」であることが不可能なのである。そしてこの空間的な向こう側にも、時間的な以前以後にも涯てがない。涯てのある向こう側とか、涯てのある過去や未来とかは考えることのできないものだからである。となれば結局、視覚風景とは常に四次元の全宇宙世界の風景であると言わねばならない。狭い部屋に閉じこめられたときの風景、眼をくっつけて小さな花の奥を覗きこんだときの風景、それらもまた全宇宙の風景なのである。（六四―六五頁）

さて、「見える」という事がこのようなものであるとすれば、鉄原子集団は見えるであろうか。今言った意味では、見えないのである。例えば、問題の鉄片は、四次元宇宙の中の一小風景として、眼前に見えている。そこには、背景や内部が（思い、という様式で）立ち現れ、現前している。しかしその「内部」は、さしあたり、鉄原子集団ではなく、至るところ鉄、という内部である。そしてその内部は、その鉄片を切る事によって、部分的には見る事が出来る。しかも、或る意味では――即ち、思い、という様式で立ち現れ、現前するという意味では――鉄片の「内部」は見えているると言っても、言い過ぎではない。何故なら、立ち現れ、現前するという事は、否応なしにまさにそう立ち現れ現前して「見える」という事であるから。そして同じ事は勿論、「背後」についても言える。鉄片の背後は、やはりそれと同じ意味で、見えていると言っても、言い過ぎではない。直接見えているわけではないけれども。大森は、やはり『新視覚新論』において、こう言っている。

現在只今「見えている」のは影のゆらめく障子の姿だけであって、その障子の「向こう側」は今現在は「見えていない」のだ、という考えがある……。これはつまり、視覚風景とは空間的にも時間的にも上っ面のものであり、真に「見えている」のは事物の現在只今の表面でしかない、ということである。しかしこれこそもっとも根深い誤解ではあるまいか。（六一頁）

そして、こう言うのである。

私にはあのビルの後が見えない。だが、後側のあるビルが見えているのである。そして、後側のないビルを見たことのある人がいようか。いや、想像すらできる人がいようか。（六六頁）

確かに、「見える」とか「見えている」とかいう事をここまで拡張する事は可能であり、必要でさえあろう。何故なら、さもないと、我々は「立体を見る」と言う事が不自然になろうから。我々は確かに立体を立体として——背後も内部もある立体として——見ているのである。そしてこの事は、或る意味で我々は、立体のこちら側のみではなく、同時に、内部も背後も見ている事なのである。そう言って、よいであろう。そうだとすれば、結局我々は、過去と未来を含めて、四次元宇宙が見えると言ってよい事になる。しかし、この四次元宇宙には、鉄原子集団は、未だ登場していない。したがって、この広い意味においても、鉄原子集団は未だ見えないのである。そして、だからこそ鉄原子集団は、この広い意味において四次元的に見えている眼前の鉄片に「重ねて」考えられねばならないのである。

しかしここにおいて、鉄原子集団を眼前の鉄片に「重ねて」考えるという事は、鉄原子集団を眼前の鉄片に「重ねて」描くという事ではないのか。そして、描くという事は同時に見るという事ではないのか。描いたものを見ることなしに、人は描く事は出来ないのである。そうであるとすれば、「重ねて」考えるという事は、「重ねて」描いたものを見るという事なのである。そしてその意味でそれは、「重ねて」見るという事なのである。勿論それは、さきの広い意味においての「見る」よりも、なお一層広い意味においての「見る」であるが。しかし、とにかく、何らかの意味で「見る」ことなしには、何らかの意味で「描く」ことも「考える」ことも、出来ないであろう。したがって、鉄原子集団は、直接見ることは出来ないし——即ち、狭い意味では見ることは出来ないし——広い意味においても見ることは出来ないが、しかし、なお一層広い意味においては「見る」ことが出来る、と言えるであろう。しかも、鉄原子集団というものが定説として定着してしまえば、それは科学者には、否応なしに立ち現れ、現前して見えるのであって、事実科学者は、黒光りする鉄片に重ねて、鉄の原子の大集団を実にヴィヴィッドに見ているのだと思う。但し、色は別にして。この場合、科学者は「考えている」のだ、と言うよりは、科学者は「見ている」のだ、と言う方が、はるかに事の真相に近いと思われる。

さて、このように科学者は鉄原子集団を見ているとすれば、それは具体的にはどう見ているのか。それは勿論、無数の鉄の原子が或る配列をなし、或いは無秩序に位置取りをして、或る仕方で振動している、として見ているのである。そしてそこにおいては、同時に、鉄の原子が一つ一つ見えているはずである。そうでなくては、鉄片に重ねて「鉄原子集団」を見ることは不可能であろう。言うまでもなく、鉄の原子は微小なものである。しかし科学者は、それを拡大して見ているのである。如何に微小であれ、形が考えられる限り、それは、「見える」と言えねばならない。なお、原子は見える、と言うとすれば、同じ意味で、電磁波も見える、と言うべきであろう。

以上において私は、物の表面を直接見る、という狭い意味での「見る」と、物の背後や内部、或いは、以前や以後を見る、という事を含めた意味での、広い意味での「見る」に加えて、更に、「重ねて」考える、という事に基づくなお一層広い意味での「見る」を区別した。但し、このような「見る」の三層化は、大森が言っている事ではない。しかし、もし大森が『知の構築とその呪縛』において言うように、原子集団は――直接であれ何であれ――とにかく見えるとすれば、このような「見る」の三層化は避けられないはずである。私は、このような三層化された「見る」を、それぞれ「見る」「視る」「観る」と言って区別すればよいと思う。

ここで、始めの問題に戻ろう。問題は、「一体、原子集団は――直接であれ何であれ――見えるのか、ただ考えられるだけなのか」という事であった。そして、我々の結論は、原子集団は「なお一層広い意味」では見えると言ってよいのではないか、という事であった。科学者は原子集団を「観ている」のではないか、というのである。しかし、私が或る意味で大森荘蔵に同意出来るのは、ここまでである。大森は更に、「原子集団そのものに色があり、匂いがあり、暖かさ冷たさがあり、美しさ醜さがあるのである」と言うが、これは私には全く理解出来ない主張である。

第五章　オグデン・リチャーズとウィトゲンシュタイン

1　はじめに

私は、「オグデン・リチャーズの意味論」を「ウィトゲンシュタインの意味論」によって批判したい。そして最後に、「意味」というものをどう理解すべきかについて、少し考えたい。

「意味」というとき、多くの人々――特に英語・英文学関係の人々――は、オグデン・リチャーズ共著、石橋幸太郎訳の『意味の意味』（C. K. Ogden & I. A. Richards, *The Meaning of Meaning*, Routledge & Kegan Paul, 1923）という本を、思い浮かべるのではないでだろうか。この訳本は、一九三六年に出版され、我が国において大いに歓迎されたようである。オグデンという人は、国際補助語ベーシック・イングリッシュ（Basic English）の創案者であり、また Routledge & Kegan Paul の *International Library of Philosophy and Scientific Method*（「哲学と科学方法論の国際叢書」）の編集者として、ウィトゲンシュタインの *Logisch-philosophische Abhandlung* の独英対訳版 *Tractatus Logico-philosophicus*（1922、『論理的-哲学的論考』）の英訳と出版に尽力した人として、知られている。他方、リチャーズは、その後著した *Principles of Literary Criticism*（1925、『文学批評の諸原理』）と *Practical Criticism*（1929、『実践批評』）によって、ニュー・クリティシズムという文学批評の一つの源流になった人である。（なお、今私の手元にある『意味の意味』は、神泉社が「叢書　名著の復興5」として、一九六七年に出版したものである。以下での同書の引用は、この版による。）

まず、一つのエピソードを紹介しよう。一九二三年『意味の意味』が出版されると、オグデンはすぐにそれを、当時オーストリアのウイーン近郊の田舎町プーフベルクで小学校の教員をしていたウィトゲンシュタインに、送った。オグデンは、その本は、自分の尽力でその前年に出版されたウィトゲンシュタインの『論考』が未解決のまま残していた意味の問題に、「因果的解決」を与えたものである、と考えていたのである。これに対しウィトゲンシュタインは、一九二三年三月、オグデンへの手紙でこう言っている。「私は、あなたに率直に告白すべきだと思いますが、私の信ずるところでは、あなたは――たとえば――私が私の本において（私が正しい解決を与えたかどうかは別にして）提出した諸問題を全く把握しておりません」（L. Wittgenstein, *Letters To C.K. Ogden*, Basil Blackwell, 1973, p.69）。さらにウィトゲンシュタインは翌4月、ラッセルへの手紙で、こう言っている。「少し前に私は『意味の意味』を受け取りました。それはきっとあなたにも送られているることでしょう。それはなんともお粗末な本ではありませんか!?哲学はあのように容易なものではありません。この本を見れば、分厚い本を書くのがいかに容易であるかが分かります。」（Ray Monk, *Ludwig Wittgenstein*, The Free Press, 1990, p.214、レイ・モンク『ウィトゲンシュタイン』岡田雅勝訳、みすず書房、一九九四、二二九頁）。

これに対しラッセルは、返事を書かなかったようである。ウィトゲンシュタインの『意味の意味』へのこの絶対的拒否は、ラッセルを苛立たせたと思われる。何故ならば、ラッセルはこの本に非難すべき点を何ら見いだせなかったからである。というのも、オグデン・リチャーズの立場とラッセルの立場は、同じであったから。その立場とは、意味に関して言えば、「意味の因果説」と言えるものであったのである。

2　意味の因果説

まず、その「意味の因果説」について説明しておこう。オグデン・リチャーズは、『意味の意味』の第一章において、有名な三角形を提示している。（I図を参照。）「象徴」にはいろいろあるが、代表的なものは「記号」とか「言葉」である。もっと具体的に言えば、例えば、矢印「→」の記号とか、音声化された言葉（例えば、「右へ」）である。「思想」は、「観念」或いは「解釈」と言い換えてもよいであろう。それらの働きは、指示物を指示する事であるから、「思想」はまた「指示」とも言われる訳である。「指示物」とは、指示されるものの事である。ここで大切な事が、二つある。第一に大切な事は、象徴は思想を正確に象徴するのでなくてはならない訳であるが、象徴から思想への関係が「因果関係」である、という事である。そしてまた、思想は指示物を適切に指すのでなくてはならない訳であるが、この関係もまた「因果関係」である、という事である。第二に大切な事は、

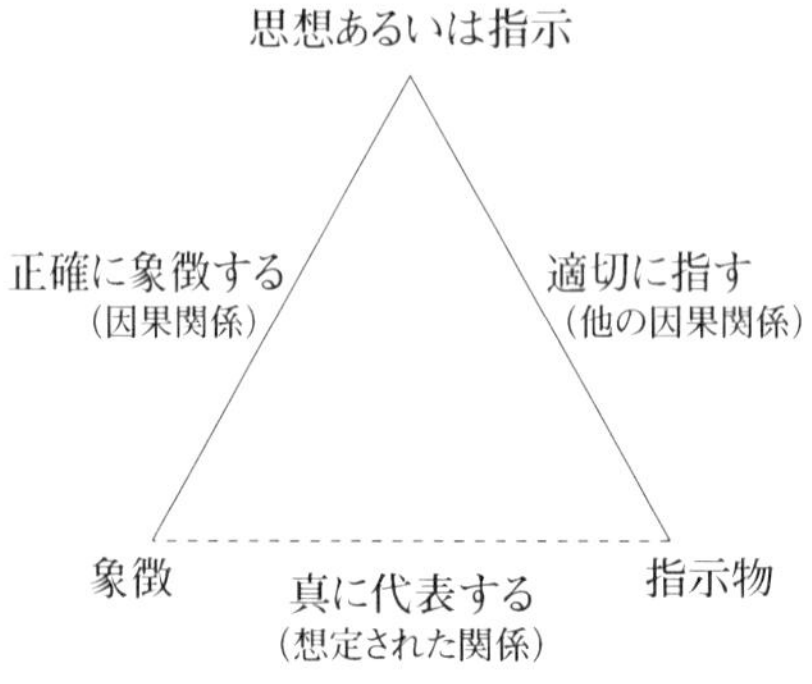

I図　オグデン・リチャーズの三角形

象徴は指示物を真に代表するのでなくてはならない訳であるが、この関係は一種の便宜的短絡であって、本来的な関係ではない、という事である。したがって象徴と指示物は点線で結ばれているのである。

では、「言葉」の意味とはどういうものなのか。オグデン・リチャーズは、こう言っている。

Aの意味とは、Aを解釈する心的過程が順応させせられるところのものである。これはもっとも重要な意味における、言葉の意味である。(訳本、二七六頁)

では、「順応させせられる」とはどういう事か。それは、「指す」という句の、極めて便利な等値句なのである。(訳本、一二八頁) したがって、「言葉」の意味とは、言葉を解釈する心的過程――即ち、思想――が指すところのものなのである。要するに、言葉の意味とは、それが代表する指示物である、という訳である。そして、既に述べたように、言葉と指示物は、思想を媒介にした因果関係によって結ばれているのである。したがって、言葉とその意味の間には因果関係があるのである。

言い換えれば、こう言ってもよいであろう。言葉は、それと因果関係にあるものの中に、その意味を見いだしているのである。例えば、かつてオグデン・リチャーズも使った「ナポレオン」という例を用いれば、私は、「ナポレオン」という音声を聞き、因果的に「ナポレオン」という観念

（思想）を抱き、さらに再び因果的に「ナポレオン」その人を指示する（思う）、という訳である。そして、かくして指示された「ナポレオン」その人が、「ナポレオン」という音声の意味である、という訳である。オグデン・リチャーズのこのような意味論は、「意味の因果説」と言われてよいであろう。

（なお、一言注意をしておきたいと思う。訳者は「訳者の序」において、こう言っている。「いま「ウマ」という音声を聞けば（あるいは馬という文字を見れば）、馬の心像または概念が心に浮かぶ。すなわち『ウマ』は記号で、心に浮かんだ心像や概念はその意味である」（訳本、一三頁）。しかし、これは誤解――しかしよくある誤解――であると思う。）

3　『論考』と意味の因果説

それではウィトゲンシュタインは、このような「意味の因果説」のどこが気に入らなかったのか。ウィトゲンシュタインは、名前については、こう言っている。

3・203　名前は［思念を媒介にして、世界における］対象を意味する。［名前が指示する世界における］対象が、名前の意味である。

そして、命題の意味については、こう言っているのである。

3　事実の論理的像が思念である。［したがって、思念は事実を論理的に表現している像である。］

3・1　思念は、命題において、自らを感性的に知覚可能な姿に表現する。［したがって、命題も事実を論理的に表現している像である。］

ところが、

2・221　像が表現するもの、それがその像の意味である。

したがって、命題の意味は、それが表現している――或いは、それが語っている――事実である、という事になる。それ故、ウィトゲンシュタインの考えは、オグデン・リチャーズ風に三角形で表す事も出来る訳である。左下に「名前」または「命題」を、頂点に「思念」を、右下に「対象」または「事実」を置けばよいのである。（図解Ⅰを参照。）

図解Ⅰ

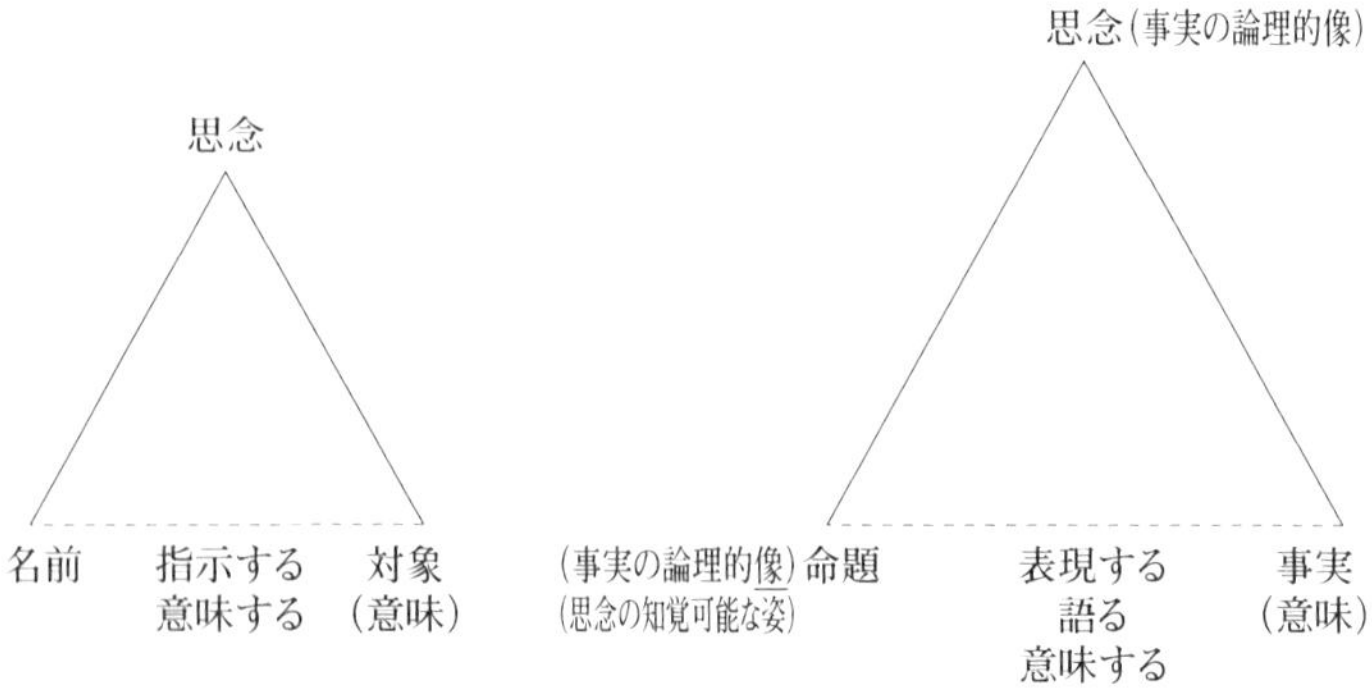

しかしウィトゲンシュタインとオグデン・リチャーズの間には、一つの決定的な違いがある。それは、ウィトゲンシュタインにおける名前・思念・対象の間の関係は「規約」という関係であり、命題・思念・事実の間の関係は「同じ論理形式を有する」という「論理的関係」であって、何れにしろ「因果的関係」ではない、という事である。ウィトゲンシュタインにとっては、名前と対象の関係にしろ、命題と事実の関係にしろ、そこに因果的な関係が入り込む余地は全く無いのである。例えば、私が「ナポレオン」という音声を聞き、因果的に「織田信長」という観念を抱き、さらに、「織田信長」という観念を抱いて、再び因果的に「豊臣秀吉」その人を思う、という事も考えられ得る事態なのである。そしてこの場合には、「オグデン・リチャーズの意味論」では、「ナポレオン」という音声は、結果的に「豊臣秀吉」その人を意味する事になる。しかし、このような事は、「意味」の意味からして考えられない。何故

ならば、言葉の意味は、如何なる世界においても同じでなくてはならないから。それ故、「オグデン・リチャーズの意味論」は成り立たないのである。

勿論、私が「ナポレオン」という音声を聞いて「織田信長」という観念を抱くという事は、事実としてあるかもしれないし、更には、「織田信長」という観念を抱いて「豊臣秀吉」その人を思うという事も、事実としてあるかもしれない。しかしそのようなときには人々は、私に、それでは規約に違反している、と注意を促し、私もその事に気づいて訂正するであろう。これが、名前・思念・対象の間の関係は「規約」という関係である、という事なのである。

ここでのポイントは、こういう事である。「AがBを意味する」というとき、それはAからBへ或る因果関係で到達する事であるとすれば、その世界とは別の或る可能世界においては、その因果関係とは別の因果関係で、今度はAからCへ到達する事も可能なのである。そしてそのときは、その可能世界では、「AはCを意味する」という事になる。しかし、相異なる二つの世界で、Aが相異なる二つの事を意味するという事は、「意味」の意味からして、あってはならない事なのである。

我々は、この現実の世界とは別の、様々な可能世界を考える事は可能である。そして実際、多くのアニメでその事が行われ、且つ、映像化もされている。しかしそれらの可能世界においては、この現実の世界とは全く別の法則を考える事は可能であるが、定義を変えるのでない限り、この現実の世界と少しでも違う論理、数理、そして言葉の意味を考える事は、不可能なのである。何故ならば、そうしないと、その可能世界は我々にとって理解不能になってしまうから。いまの例で言えば、「ナポレオン」という音声は、如何なる可能世界においても、定義を変えるのでない限り、かの有名な「ナポレオン」その人を意味するのでなくてはならないのである。この事を、かつてクリプキは、「固有名は指示を固定する」と言って表現した。

もっとも今私が行った議論が、ウィトゲンシュタイン自身が「オグデン・リチャーズの意味論」を否定したときに行った議論であるか否かは、分からない。おそらく、そうではないであろう。ウィトゲンシュタインが『論考』で展開した議論は、言語と世界の間の壮大な論理的関係――それ以外は考えられないと、少なくとも当時は思っていた必然的関係――であって、そこでは(5・1361において)因果結合は迷信として貶められているのである。おそらくウィトゲンシュタインは、『意味の意味』をほんの少し読んだだけで、それは唾棄すべき著作であると確信したのであろう。

4 『探求』と意味の因果説

さて、「オグデン・リチャーズの意味論」を絶対的に否定した前期のウィトゲンシュタインの意味論――『論考』の意味論――は、後期においては大きく変換してゆくが、しかし、「オグデン・リチャーズの意味論」を絶対的に否定するという点においては、後期においても一貫している。基本的にオグデン・リチャーズの立場は「心理主義的」であるのに対し、ウィトゲンシュタインの立場は、終生「論理主義的」であり、「心理主義的」ではなかったからである。

後期のウィトゲンシュタインの意味論は、後期の主著『哲学的探求』（*Philosophische Untersuchungen*、略して『探求』）において展開される。

ウィトゲンシュタインは、『探求』の第I部第一九八節において、こう言っている。

> 如何なる解釈も、それが解釈するものと共に、空中に浮かんでいる。如何なる解釈も、それが解釈するものの支えの役は、果たし得ないのである。解釈だけでは、それらをいくら連ねても、それらが解釈するものの意味は決定しないのである。

解釈は、それが解釈するものの意味を決定しない、という訳である。ここで、それが解釈するものとして、「→」という「道しるべ」を考えてみよう。すると解釈は、「→」という「道しるべ」の意味を決定しない、という事になる。しかし現実には私は、「→」という「道しるべ」が立っていれば、それに従って右へ行くのではないか。それでは一体、そもそも「→」という「道しるべ」は、如何に私の行為に関わるのか、両者の間には如何なる結合が存在するのか。

ウィトゲンシュタインは、『探求』第I部の同じ第一九八節において、こう言っている。

これに対する解答は、例えば次のようである。私はこの記号に対して一定の反応をするように訓練されている。そして私は今そのように反応するのである。

このような解答を見て人々は、そのような答えでは、ただ両者の間の因果的結合――「→」という「道しるべ」を見たのが原因で、その結果右へ曲がったのだ、という因果的結合――を述べているだけであり、また、如何にして私は今や「→」という「道しるべ」に従うようになったのか、というその由来を説明しているだけである、と言うかもしれない。しかしウィトゲンシュタインは、『探求』第I部の同じ第一九八節において、さらにこう言うのである。但し、(「→」という)という部分は、私の挿入である。

そうではない。私はまた次のような事をも指摘したのである。(「→」という)道しるべの恒常的使用、(「→」という)道しるべの慣習、が存在する限りにおいてのみ、人は(「→」という)道しるべに従うのである。

「→」という「道しるべ」に従う「行為」は、訓練の結果身についた反応ではあるが、その背後にはそれに関わる慣習が存在するのだ、というのである。ウィトゲンシュタインによれば、「道しるべ」と「行為」の間には、解釈という段階は存在しない。両者は直接接しているのである。私は「道しるべ」に、まさに直接に——無心に——反応するのである。そして、それを可能にしているのが、道しるべの慣習なのである。

以上のようであるとすれば、「道しるべ」と「行為」の間の関係は、解釈抜きの直接的な慣習的結合である、という事になる。したがって、オグデン・リチャーズの例の「三角形」は、完全に崩壊する事になる。頂点にあるところの、象徴を解釈する「思想」が否定されたのであるから、である。かくして後期のウィトゲンシュタインも、「オグデン・リチャーズの意味論」を完全に否定しているのである。

5　「意味」の問題と「使用」の問題

それでは我々は、「意味」というものをどう理解すべきなのか。ウィトゲンシュタインは、『探求』第I部第一節において、こう言っている。

さて、以下のような言語使用について考えよ。私が或る人を買い物に遣る。その際、私は彼に

「五つの赤いリンゴ」と書いてある紙片を渡す。彼は店に行ってその紙片を店の人に渡す。店の人は「リンゴ」と書いてある箱を開け、次に或る表のなかに「赤」という語を捜し出し、それに相対している色見本を見出す。次に店の人は――私は、彼は数詞を暗記している、と仮定する――数詞を順に「五」まで唱え、夫々の数詞を唱える度毎に、その箱からその色見本の色を持っているリンゴを一つずつ取り出す。――このようにして、そしてこれと似たように、人は語を使用するのである。――「しかし、「赤」という語をどこに、そして、如何に捜すべきか、そして「五つ」という語で何を始めるべきかを、店の人は如何にして知っているのか？」――さよう、私は店の人は私が記述したように行動する、という事を仮定しているのである。説明は何処かで終わりになるのである。――しからば、「五」という語の意味は何か？――そのような事は、ここでは、全く問題にならない。ただ、「五」という語は如何に使用されるのか、という事のみが、問題になるのである。

ウィトゲンシュタインは、ここにおいて重要な事をたくさん言っている。先ず第一に、言語を考えるときに第一義的に問題にすべきは、「言語使用」という場面である、という事である。この場面は、彼が後期の哲学を語り始めた『青色本』で、既に「言語ゲーム」と言われたものである。彼が後期において行った事は、言わば「言語ゲームの現象学」なのである。ここにおいては、言語ゲームについての記述のみが行われるのであり、説明は求められてはいない。勿論、説明が求められる事もあるが、しかしそれは、何故人はそのような哲学的問題を抱くに至るのか、といった事についての説明であり、言語ゲームそのものについての説明ではない。第二に、以上のような「買い物ゲーム」においては、「五つの赤いリンゴ」という言葉のみで十分なのであり、例えば「五つの赤いリンゴを下さい」というような文である必要はない、という事である。もし、前者を後者の短縮形であると言うならば、後者は前者の伸長形とでも言える訳であり、どちらが基本的という事はあり得ない。同じ機能を果たすものは、皆同じなのである。ちなみに、「五つの赤いリンゴを下さい」という文自体が、神経質に考えるならば、「これは冗談ではない」とか「確かにお金を払います」とかいった但し書きを付けて、相手に渡されるべきなのである。しかしそうすると、それらの但し書きに再び、「これは冗談ではない」という第二次的な但し書きを付けなくてはならない事になり、無限後退に陥る事になる。この話の教訓は、完全無欠な文章表現は論理的にあり得ない、という事である。先に「同じ機能を果たすものは、皆同じなのである」と言ったのは、論理的にそう言わざるを得ないからなのである。第三に、「店の人は「リンゴ」と書いてある箱を開け」る訳であるが、何故店の人は、「五つの赤いリンゴ」と書いてある紙片を渡されて、「リンゴ」と書いてある箱を開けるのか。その紙片に「五つの赤いリンゴ」という言葉を読んで、お客さんは赤いリンゴを五つ買いに来たと判断し、「リンゴ」と書いてある箱を開けるのであろうか。もしそうであるとすれば、その判断とその行為を媒介するものは何なのか。それは、「リンゴを買いに来たのだから、「リンゴ」と書いてある箱を開けよう」という判断なのであろうか。もしそうであるとすれば、今度は、その判断と「リンゴ」と書いてある箱を開けるという当の行為を媒介するものは何なのか。かくして、またしても、無限後退に陥る事になる。そして勿論、同様な事が、「赤」という語を何処にそして如何に捜すべきか、そして、「五つ」という語で何を始めるべきか、という事についても言える訳である。言語ゲームについての説明は、どこかで必ず終わりになるのであり、また、終わりにならなくてはならないのである。そしてそこでは、かかる言語ゲームが行われている、という記述のみが可能なのである。

ここで例えば、「五」という語の意味とは何か、といった哲学的問題を考えてみよう。これに対しラッセルは、「五」とは、五つの要素を持った集合の集合である、と定義した。しかし我々は、勿論、「五」という語をそのようには使っていない。それでは我々は、「五」という語をどのように使っているのであろうか。そこで我々は、「五」という語が現実の言語ゲームにおいてどのように使われているかを、記述する事になる。それ以外に、一体我々に何が出来ようか。そしてこの記述が我々に、「五」という語についての理解を与えるのである。我々にとっては、それで十分ではないのか。そうであるとすれば、我々はこと新しく、「五」という語の意味とは何か、などと問う必要はない事になる。ただ、「五」という語は如何に使用されるのか、という事のみが問題になるのである。

我々は「意味」というものを、オグデン・リチャーズのように、言葉の外にある何か、或いは、言葉に対して我々が抱く心的な何か、と考えてはならないのである。要するに、「意味」というものを対象化してはならないのである。そして、或る言葉の「意味」が問題になったときには、いつでも、その言葉の「使用」を考えればよいのである。実は、「意味」の問題は「使用」の問題であるから、である。ウィトゲンシュタインは『探求』第Ⅰ部第一二〇節において、こう言っている。

> 人は言う。問題は語ではなく、語の意味である。そして人はその際、意味を、たとえ語とは違っていても、語と同じ種類の事象を考えるように、考える。ここに語があり、あそこに意味があるというように、である。お金と、それで買う事が出来る牛のように、である。（しかし他方、お金と、それの使用、という対比もあり得る。そしてこの対比が、語と、それの使用、という対比に当てはまるのである。）

お金の価値は、それで買う事が出来る牛のような、特定のものではない。同様に、語の意味も、何か特定のものではないのである。

第六章　私の哲学的回想

私は小学校の頃は、講談社の発行で、一般に「講談社の絵本」と言われていた美しい絵本のシリーズと、同じく講談社発行の「少年講談」と言われていたシリーズを、読み耽って過ごした。どういう訳か、いわゆる子供向きの文学書には、縁がなかった。私の美意識の一部は、その「講談社の絵本」で培われたかもしれない。その他では、私が子供のころ読んだ本で記憶に残っているのは、相馬御風の『良寛さま』『一茶さん』（ともに実業之日本社）である。私は良寛が好きになり、後に論文でも取り上げた。

私は、昭和一六年（一九四一年）旧制成城高校の尋常科（中学校）に入学したが、その年の一二月八日太平洋戦争が始まった。そして昭和二〇年（一九四五年）に同高等科理科甲類へ進学し、その年の八月一五日太平洋戦争が終わった。尋常科四年から高等科一年の前半までは、勤労動員で、元住吉の東京航空計器とか喜多見の機関銃の弾をつなぐ「装弾子」という小さな金具を作る工場で働かされ、授業は一切なかった。それで私は、友達と一緒に出来るだけ本を読む努力をした。お互いに読んだ本について語り合うのが、楽しかったからである。しかし数学や英語のような科目の力は、目に見えて落ちて行った。そしてこの穴を埋めるのに、後々まで苦労した。

尋常科での担任は、漢文の新垣淑明先生であった。先生はあるとき、朝のクラスでの五分間ばかりの朝礼で、儒家の古典『孝経』を読むことにされ、しばらく実行された。ピアスをつけるために耳に穴をあけているのを見ると、今でもよくその冒頭の言葉「身体髪膚これを父母に受く。あえて毀傷せざるは孝の始めなり」を思い出す。

当時の尋常科には、詳しい日本文学史には三島由紀夫との関連で名前が出てくる蓮田善明という国粋主義の先生が国語を担当しており、尋常科全体がその気風に染まっていたように思う。そのためであろうか、何かというとすぐに「国賊！」と怒鳴る軽薄な教師もいたりして、私にはあまり居心地はよくなかった。なお、蓮田先生は大変気性の激しい方であった反面、その微笑みの表情は実に素敵であった。しかし、英米的な合理的計算に基づく行動を軽蔑し、「断じて行えば鬼神もこれを避く」とか「百万人と雖も我ゆかん」といった精神主義的行動原理をよく聞かされた。その後、先生は応召なされて陸軍の将校として南方の戦線にあり、日本が負けた事を知って、自決して果てた。先生の国粋主義は本物であったのである。

尋常科で印象的な授業を一つ挙げるとすれば、林石五郎先生の数学の授業であろう。ツボを押さえたその授業は極めて明快で、私は授業中にその全てを完全に理解した。私は先生の授業に、一種爽快さを覚えたほどである。これに対し、国語や漢文は苦手であった。私は、少数の原則から話を展開するような学問が好きで、沢山の事実を覚えなくてはならないような学問は、苦手なのである。そのせいで私は、後には理論物理学の方へ進むようになり、さらには、非常に論理的な哲学に進む事になるのである。

もう一つ、尋常科での出来事を書いておきたい。一年のとき、高等科の生物学の教授であった渡辺篤先生が尋常科にも教えにきており、我々は生物学を習った。この先生は世界の学会の最新情報に精通していて、我々はこの先生から「ペニシリン」という抗生物質の事を教わった。私が尋常科に入った一九四一年は、ペニシリンが臨床的に有効であることが実証された年なのである。私は、ペニシリンを作り出す青カビの名が「ペニシリウム・ノターツム」と言う、という事を未だに忘れない。ところで、あるときその渡辺先生が「父母未生以前の我如何」という題でレポートを提出せよ、という宿題を出した。もちろんこれは、禅の有名な公案の一つであるが、渡辺先生は、遺伝学的なレポートを想定していたに違いない。しかし私は、何か遺伝学的ではないレポートを提出した事を覚えている。おそらく、このような事も関係していたと思われるが、その頃、あるとき私は、ふと、もし自分が生まれて来なかったならば、この自分はいないのだ、と思い、心底ぞっとした。死ぬ以前に、そもそも存在しなかったかもしれない、というこの思いは、そのぞっとする感情とともに、その後もしばらく続いた。そして今でもときどき、その頃の事を思い出す。

高等科へ進学したとき、勤労動員の合間をぬって学生主催の歓迎会があった。確かその時であったと思うが、阿部六郎先生が文化部の部長として何か話をされた。その時の様子は、非常に印象的なものであった。はげた頭に手をやりながら、何のてらいも気負いもなく、ひょうひょうと話されたのである。尋常科の先生方には常に何か気張ったところが感じられたのに対し、好対照であったのである。阿部先生は、翻訳家としてそしてまた評論家として活躍されていたが、成城高校では、文科でドイツ語を教えておられた。しかし私は理科であったので、残念ながら私には阿部先生に教えを受ける機会がなかった。阿部先生は、実は、阿部次郎の弟で、「六郎」という名が示すように、男の兄弟の六番目で末っ子であったのである。学生たちに大変信望が厚く、一九五七年に亡くなられてからの、実に三〇年後の一九八七―八八年に、昔の教え子たちの肝煎りで『阿部六郎全集』全三巻が一穂社から出版された。その第三巻の三四二頁に、こうある。一九四五年五月二四日の日記の一部である。

素心寮から自分のシーツをとって坂道をおりてくると、池の風情がいつの間にかさびがついて、睡蓮の葉が茂り、葦が繁って、時々、魚のとぶ音と波紋が静寂を破るばかり、夕月が影を映して、折々ゆらいでは円に還った。それに心を吸はれて、「光呑万象」など『正法眼蔵』の言葉を思った。「名月や池をめぐりて夜もすがら」のめぐるものが人ではなく月でなくてはということを新たに思ひついた。

芭蕉の有名な「名月や」の句で、めぐるものが人ではなく月でなくては、という思いは、私にとって実に新鮮であった。そこで、私はこう思ったものである。実際、人が動けばそれに並行して月も動く。したがって、めぐるものは人であり且つ月である。ここにおいて人と月は一如である。

さて、先の歓迎会の後、クラス毎の二次会が行われた。そのとき、半ば冗談交じりではあったが、ある上級生が「今（この戦況の厳しい時に）革命を起こしたらどうだろう」と言い出して、しばし議論になった。私は、この思いがけない成り行きに心底びっくりしたが、同時に、その心の自由さに感激もした。非常に軍国主義的であった尋常科に対し高等科の何と違うことよ、と思った事を今もよく覚えている。

旧制高校生というのは、本当の意味での学問や教養を身につける事を第一義とし、いたずらに学校の成績を上げる事を潔しとしなかった。むしろその様な人は、軽蔑されたものである。私自身の場合で言えば、学校の勉強（それは、理学部か工学部へ進む事を前提とした「理科甲類」であったので、数学・物理・化学、それに英語とドイツ語が主要科目であったが）は、数学と物理とドイツ語は或る程度熱心に勉強したが、それ以外は程々にして、哲学書や宗教書、そして時には科学書や文学書を読みあさったものである。当時は、高校生として読むべき定番の本がだいたい決まっていて、私も主にそれらの本を読んでいったわけである。今でも記憶に残っているものは、思い出すままに記せば、例えば以下のようである。

西田幾多郎『善の研究』
カント『純粋理性批判』
村岡省吾郎『知識の問題』
田辺元『歴史的現実』『哲学通論』
三木清『哲学事典』『人生論ノート』
阿部次郎『人格主義』、阿部次郎訳・リップス『美学』
河合栄次郎『学生と教養』『学生と読書』
倉田百三『法然と親鸞の信仰』『愛と認識との出発』『出家とその弟子』
藤岡由夫『物質の究極』
夏目漱石『こころ』『三四郎』

ジード『狭き門』

カントの『純粋理性批判』には、特別な思い出がある。私が高二のとき、復員し、成城高校に数学の教授として就任された山本進先生が、我々数人のグループのために、『純粋理性批判』の「緒言」を原文で講読してくれたからである。先生が自ら原書をタイプでコピーしてくれた薄い紙の上のドイツ語を、辞書を引きながらもとにかく読めたという事は、非常な喜びであった。私はこの先生に積分と解析幾何を学んだが、直観的で明快な分かりやすい講義であった。この先生のお宅にはよく伺ったが、比較的大きな部屋に机と大きなちゃぶ台があり、机の方には数学の本が、ちゃぶ台の方には哲学の本が並んでいて、魅力的であった。数学と哲学を並行して研究しておられたのである。この光景が、私のその後の研究生活の原風景になった。あるとき、先生は私に書きかけのドイツ語の論文を見せてくれた。どういうわけか、私はその書き出しが、Ich sage etwa nicht ……(私は例えば……とは言わない）というのであった事を、今も覚えている。これは、松村一人という唯物論者の、唯物弁証法に関する当時話題の岩波新書の本に対する、批判的な書評であった。

私はこの山本先生から、ライプニッツの「連続の原理」を教わった。「自然は飛躍せず」とも言われるこの原理は、例えば、「静止は運動の一種で、速さがゼロの場合である」とする考え方である。静止と運動という全く異質のものを、「速さ」という量の観点から統一し、同質化してしまおう、というのである。この原理は、数学と科学に一貫している考え方で、これなくしては、数学も科学もあり得ないであろう。ちなみに、ウィトゲンシュタインは、こう言っている。

ヘーゲルは、違って見えるものは実は同じなのである、と常に言おうとしていたのだ、と私には思われる。ところが私の興味は、同じに見えるものは実は違うのである、という事を示すことにある。かつて私は、私の本のモットーとして、『リヤ王』からの「私はお前に違いを教えよう」という文を引用しようと考えていた。(R.Rhees (ed.), *Ludwig Wittgenstein, Personal Recollections*, Oxford University Press, 1984, p.171)

数学も科学も、事の本質を求める「本質主義」であるのに対し、ウィトゲンシュタインは、本質の存在を前提にする「本質主義」を否定し、事のありの侭を見つめるのである。そして、差異を差異としてそのまま認め、数学や科学が本質(内包)を有する「集合」として纏めようとするものを、家族的類似性を有するだけの「家族」として纏めるのである。(この論点については、N. Malcolm, *Wittgenstein――A Religious Point of View?*――, Routledge, 1993, §3;ノーマン・マルカム著黒崎宏訳『ウィトゲンシュタインと宗教』(法政大学出版局、一九九八)第三章、を参照。)

私は、『純粋理性批判』講読のグループとは別に、もう一つの知的グループにも属していた。それは「読書会」と言われ、尋常科から始まり高等科をへて、高等科卒業後も続いた。メンバーは、途中多少の出入りはあったが、基本的には、山本勝、由良玄太郎、高橋精一、志田惟一、それに私の五人であった。会の標準的スタイルは、時々集まっては、誰かが読んだ本の紹介をして、それについてみんなで議論する、というものであったが、時には、講師を招いて話を聞くという事もあったし、みんなで小旅行をするという事もあった。私は、この「読書会」について、ときどき思い出す事を二つだけ記しておきたい。その一つは、由良君がマックス・ウエーバーの『プロテスタンティズムの倫理と資本主義の精神』について、紹介した事である。当時私は、この高名な著作について全く知らなかったが、この紹介でそのポイントを理解した。私は、今でも、そのときの由良君の紹介は的を射ていたと思っている。もう一つは、或るとき山本君の家で浅野順一牧師をお呼びして話を伺った事である。そのとき私は、カントの物自体は論理的要請だと思うが、と言ったら、浅野先生が肯定的に頷いてくれたので、嬉しかった。

さて、先のリストからもうかがえるように、私の高校での読書は、遠心的であるよりは、はるかに「求心的」であった。そして実はこれが、当時の旧制高校生の一般的傾向でもあった。彼らの間には、第一次的には、己の内なる声に耳を傾け、世間的な権威におもねない「反俗精神」といったものが、基本的にあったのである。当時のいわゆるバンカラは、その皮相な現れに過ぎない。そのような精神を鼓吹して、倉田百三は、次のように言っている。

「常に大思想を以て生き、瑣末な事柄を軽視する習わしを持て」とカルル・ヒルティは言った。今の知識青年の社会的環境についての同情すべき諸条件を決して私は知らぬのではない。しかし私が依然としてこの語を推すのは、瑣末な処世の配慮が結局青春を蝕み、気迫を奪い、しかも物的にも、それを軽視したよりも何等よきものをもたらさぬであろう事を知るからである。（『愛と認識との出発』「版を改むるに際し」一九三六年）

なお、カルル・ヒルティ（Carl Hilty、一八三三―一九〇九）という人はスイスの宗教的倫理的思想家で、著書には『幸福論』『眠られぬ夜のために』等がある。この人の本も、当時はよく読まれていた。実は、私自身、今日においてもなお、この言葉を学生たちに捧げたいと思う。一言で言えば、「世俗的・物質的な事に囚われるな」という事である。

今になってみて私は、高校時代、倉田百三に最も影響されたと思う。特に、もともとは『一枚起請文・歎異抄――法然と親鸞の信仰――』という題であった彼の『法然と親鸞の信仰』という本は、私にとって決定的であった。今私の手元にあるのは、今日、講談社学術文庫に入っている上下二巻本であるが、例えば、こういうくだりがある。これは、『歎異抄』の或る部分の倉田による意訳である。

ある時親鸞が、

「唯円房、お前はわしのいうことを信じるか」

といったから、

「はい。信じます」

と唯円が言うと、

「きっとそうか」

親鸞は駄目をおした。

「きっとでございます」

と唯円は謹んで答えた。すると親鸞は、

「人を千人殺して見よ、そうすればきっと往生は定まるだろう」

と言った。

「仰せではございますが、一人の人間を殺すことだって私の器量ではとても出来そうもありません」

「と唯円が答えたら、」

「それ御覧、ではどうしてわしの言うことをきっときくと言うのか。これで解るだろう。何事でも思う通りに出来るものなら、往生のために人間千人殺せと言えば即座に殺すだろう。けれども一人でも殺し得る業縁がないから殺さないのだ。自分の心が善くて殺さないのではない。またたとい害しまいと思っても、百人、千人殺すこともあるだろう」

と親鸞は言った。（下巻、一四六―一四七頁）

人間の行いは全て、善も悪も業によるのだ、というのである。

よきこころの起るも、宿業のもよほす故なり。悪事のおもわれせらるるも悪業のはからふゆへなり。（『歎異抄』［一三］）

という訳である。そうであるとすれば、力ある存在としての自己――行為の主体としての自己――というものは、実は存在しないのだ、という事になる。

一方、倉田百三は西田幾多郎を非常に高く評価していた。彼は『愛と認識との出発』において、こう言っている。

近代の苦悩を身にしめて、沈痛な思索をなしつつある哲学者はまことに少ない。……著者の個性の現れた独創的な思想の盛りあげられた哲学書は殆どない。深刻な血を吐くような内部生活の推移の跡の辿らるるやうな著書は一冊もない。……この乾燥した沈滞した浅ましきまでに俗気に満ちたる我が哲学界に、例えば乾からびた山陰の痩せ地から、蒼ばんだ白い釣鐘草の花が品高く匂い出ているにも似て、我等に純なる喜びと心強さと、かすかな驚きさへも感じさせるのは西田幾多郎氏である。(「生命の認識的努力」)

そして事実、私自身も『善の研究』を一生懸命読んだ背景には、倉田百三という存在があったのである。

『善の研究』という本は、最後まで読み通すにはかなりの努力を必要とする本であるが、その序において、こう言われている。

……個人あって経験あるにあらず、経験あって個人あるのである、［という、］個人的区別より経験が根本的であるという考えから独我論を脱することができ、又経験を能動的と考ふることに由ってフィヒテ以後の超越哲学とも調和し得るかの様に考え、……

「個人あって経験あるにあらず、経験あって個人あるのである」というこのくだりは、倉田によって引用され、非常に有名になっていたが、私自身も深い感銘を受けた。勿論、経験は全て私の経験である。しかし私は、「私の」という形で経験を限定しているとはいえ、けっして経験とは離れた独立存在ではないのである。当時私がこの事をどこまで自覚していたかは問題であるが、とにかくこのくだりは、その後も折りに触れて思い出していた。

このような「実体としての自己の否定」そして、結局は同じ事であるが、「行為の主体としての自己の否定」という思想は、奇しくも、その後私が紆余曲折を経てたどり着いたウィトゲンシュタインの思想、特にその後期の思想の中核である。彼の後期の主著『哲学的探求』の中心には、「規則に従うとはどういう事か」という事を論じた「規則論」と言われる部分があるが、その核心は、一言で言えば「私はまさにそう行為する（So handle ich eben.）」（第二一七節）という事なのである。私は無根拠に、まさにそう行為するのだ、というのである。人間の行為には根拠がない、というのである。

この一見不可解な説は、例えば、こう考えれば理解出来るであろう。私が或る行為をするとき、或る一定の根拠から、自分は今はこうすべきだ、と思って、そのように行為したのだ、としよう。すると、この「自分は今はこうすべきだ」という思いは、既に一つの出来事として対象化されており、私の外に立っているのであるから、私は、論理的にはその思いに反抗する事が出来る事になる。しかし事実としては、一般には反抗せずに、その思い通りに行為する。そうだとすれば私は、「その思いのように行為すべきだ」と更に思う事なく、無心にまさにそう行為した事になる。もし、ここでもまた無心にではなく、「その思いのように行為すべきだ」と思うべきだとすれば、無限後退に陥るからである。

倉田百三は、こう言っている。

> 念仏は申すのではない。「申さるる」のである。自ずから催されて申すのである。この我を失うて、受け身になる所に宗教生活の秘儀があるのだ。
>
> 「彼方より行われて」と禅では道元が言っている。小さな我が出しゃばらずに、大きな宇宙が我を通して運行するのだ。自分が行じるのではない、「法」が行じるのだ。（『法然と親鸞の信仰』下巻、一二〇頁）

この行為論は、浄土教に限らず、宗教一般の行為論であるわけである。そうであるとすれば私は、この宗教的行為論を胸に秘めて、後年、ウィトゲンシュタインの哲学を読み、共感して、それなりに理解した事になる。今日ではウィトゲンシュタインという人は、生涯如何なる宗派にも属しはしなかったが、非常に宗教的な人であった事が知られている。そして私は、期せずして彼の哲学を、宗教的観点から読んでいた事になる。その意味では私の高校生活は、私の人生にとって非常に有意義であった事になる。ちなみにウィトゲンシュタインは、こう言っている。「私は宗教的人間ではない。しかし、私は如何なる問題をも宗教的観点から見ない訳にはいかない。」(R. Rhess (ed.), *ibid.*, p.94)

ちなみに、倉田百三は、明治二四年(一八九一年)二月広島県庄原町で生まれ、昭和一八年(一九四三年)二月東京の大森の自宅で亡くなった。満五二歳であった。旧制第一高等学校を病気のため中退し、生涯病気と闘いながら、激しく誠実に生きた人だと言ってよいであろう。彼は文学者であり、宗教家であり、かつ思想家であった、と言えると思う。詳しくは、例えば『法然と親鸞の信仰』下巻にある稲垣友美氏の解説などを参照してほしい。私にとっては、倉田百三という人は、青春の思い出として実に懐かしい存在である。

私はその後、東京大学の理学部物理学科を受験して失敗する。理由は明らかであった。とにかく化学が出来なかったからである。当時は戦後間もなくで、化学薬品などは大変な貴重品であり、鍵のかかった戸棚に入れられていて、学生などには見ることも出来なかった。したがって、化学実験などは自分では一回もした事がなく、私の化学の知識には何のリアリティーも無かったのである。これに対し物理実験の方は、消耗品を使う事も無く、希望すればさまざまな実験をする事が可能であった。私は「読書会」の高橋君といろんな実験をした。しかしそれよりも記憶にあるのは、彼と、レンズの表面の曲率半径を測る球差しという道具を使って、水の表面張力を測る工夫をした事である。私は、この時初めて、教科書や問題集にある問題を解くのではなく、自分が直面している生きた問題解決に微分積分を使って理論的研究をした。これは、実にいい経験であった。

次の年には、化学を受験科目にとらなくてもよい大学として、(――東京教育大学を経て筑波大学になった――) 今は無き東京文理科大学の理学部物理学科を受験して、入学する事が出来た。そしてそこで、朝永振一郎先生を指導教授として、量子電磁力学の最先端をゆく「朝永‐シュインガーの超多時間理論」という、おそろしく難しい理論を学ぶ事になる。しかし、「ディラックの多時間理論」から「朝永‐シュインガーの超多時間理論」に至る筋道を極めて明快に展開した朝永先生の論文を読んだときなどは、その美しさに感激したものであるが、さてそれをどう使い、どう展開すべきか、といった事になると、全く自信がもてない。その上やはり今度の場合も、高校のときと同様に、哲学関係の本に時間を割くようになる。そしてその背景には、高校での数学の恩師田上光先生という存在があった。(私がかつて朝永先生のもとで物理学を勉強していた、という事を示す証拠の写真がある。それは、『朝永振一郎著作集』8「量子力学的世界像」(みすず書房、一九八二)の月報に掲載されている写真である。そこには私も学友たちとともに、朝永先生とそのご家族を囲んで写っている。)

私は田上先生には、教室では微分を習ったが、教室外では行列と行列式を習い、高校卒業後は、当時日本ではまだ目新しかった記号論理学(現代論理学)を習った。私は、先生からカルナップの(『記号論理学要綱』とでも訳すべき) *Abriß der Logistik* という記号論理学の小さな教科書を貸していただいて、その前半の理論的部分を大学ノートに書き写しながら勉強した。この田上先生の講義は徹底的に論理的で、山本進先生とは好対照であった。そのため田上先生の講義は、一般には、分かりにくいという評判であったが、私には素晴らしい講義であった。そのうえ私は、田上先生を通じて、「論理実証主義」という哲学がある事を知った。そして私は、田上先生の東京大学での先輩にあたる篠原雄先生が翻訳した論理実証主義関係の論文集『統一科学論集』（創元社、一九四二）、及び、その篠原先生が主催していた「科学論理学会」という学会を通して、論理実証主義に深入りしていった。

「論理実証主義」という思想は、確実なものは感覚のみであると考え、人間の全ての知識を、感覚を基礎として、その上に現代論理学を用いて構築しようとする思想である。私は、大学での実験のレポートをこのような論理実証主義の立場から書いて、提出したことがある。このレポートは、磁気履歴曲線（ヒステリシス）を描く実験のレポートであったが、私は観測点の間を直線で結んで提出した。本来ならば、当然、観測点の間を滑らかに曲線で結ぶべきなのであるが、私は実証主義に凝り固まっていたので、観測しなかった部分もあたかも観測したかの如く描く事に抵抗を感じていたのである。このレポートは、同級生の間では後々まで話題になったが、おそらく担当教官には、全く非常識なレポートとして、ひんしゅくをかったと思われる。

私はその後、高校の教師を六年ほど務め、数学と物理を教えたが、結局は哲学に転向する事を決意し、一年間受験勉強をして本郷の東京大学文学部の大学院（人文科学研究科）に入ることになる。しかし私は、本郷での授業は岩崎武雄先生と指導教授の山本信先生の授業を中心に最小限のものにして、出来るだけ駒場の教養学科の方に顔をだし、日本における後期ウィトゲンシュタインの最大の理解者大森荘蔵先生に、親しく指導を受ける事になる。

なお、修士論文は「意味基準について」というものであった。（「意味基準」とは、命題が有意味であるために満たすべき条件のことである。）その前半は、ヘンペルの有名な論文 Problems and Changes in the Empiricist Criterion of Meaning（「意味の経験主義的基準の諸問題と諸変遷」）を手掛かりに意味基準の歴史をたどり、更に、ヘンペルが取り扱わなかったその後の展開を明らかにする、というものであった。そしてその後半は、前半での議論を用いての、観察命題の意味基準についての試論である。私は今でも、前半部分は生きていると思っている。全体で四〇〇字詰め原稿用紙で約二〇〇枚であった。これは、当時の修論の規定枚数の上限である。

「論理実証主義」は、その後、「論理経験主義」という形に主張をゆるめてゆくが、しかし両者の違いは、人間の知識の基礎を感覚におくか経験におくかの違いであり、それらの論理構造はともに「還元主義」である。そしてこの「還元主義」が、大森先生によって根本的に批判されていた。大森先生は、その第一論文集『言語・知覚・世界』（『大森荘蔵著作集』第三巻、岩波書店、一九九八）において、こう言っている。「AがBに還元されるということは、Aを言う言葉を消去してBを言う言葉で置き換えるということではなく、逆にAを言う言葉は消去不可能であり、それこそBの集合を指定する言葉なのである。」（四一頁）この様な還元についての考えは、Aを言う言葉の論理的先行性の主張であり、文字通りの意味では、還元という事は不可能である、という主張なのである。そして実際、私もそうであると思う。

そのような大森哲学の影響もあって私は、論理実証主義という極北の思想――血も涙もない思想――から、次第にその対極にある後期のウィトゲンシュタインの思想――血と涙にあふれる思想――へと、言わば一八〇度転換してたどり着く。そして実はこれが、先にも述べたように、成城高校時代に親しんだ親鸞の思想に相通じるものであったのである。当時私は、成城の図書館新聞の委員から何か書かないかと言われ、『歎異抄』について書いた事があった。ずっと後年、同窓会で卒業後初めて会った旧友にそのときの記事について言われ、驚いた事がある。理科の学生がそんなテーマで書いたので、少しは反響があったのであろう。

成城高校での生活で印象に残っている先生を、もう一人挙げておきたい。それは物理の井上竹千代先生である。この先生は、私の高等科での担任でもあったが、物理学という学問の本質をよく理解していたと思われる。先生は、常づね、数学的描像は物理現象の理想化した表現に過ぎない事を強調していたが、或るとき、教科書には円運動における遠心力は仮想の力であると書いてあるが、円運動をしている物自体においては実在の力である、という事を強調した。「立場を変えると、仮想が現実になる」という この指摘は、私には非常に面白かった。

私が大学院の博士課程を単位取得満期退学するとき、篠原雄先生が亜細亜大学の教授をしていて、私を亜細亜大学の自然科学概論の専任講師に呼んでくれた。そして一年後に、今度は岩崎武雄先生が私を、私が成城の旧制高校の卒業生ということもあって、成城大学の文芸学部の哲学・論理学の専任講師として推薦してくれた。一九六七年の事である。そして私は、一九六九年に助教授になり、一九七〇年一〇月からの一年間、モントリオール（カナダ）にあるマックギル大学の Foundations & Philosophy of Science Unit という科学哲学の研究機関に、研究助手（Research Associate）として在籍する事になる。これは、慶応大学の沢田允茂先生の推薦によるものであった。マックギル大学のマリオ・ブンゲ教授から沢田先生に、物理学と哲学の教育を正式に受けている、という事と、ブンゲ教授の本を翻訳する、という事を条件に、誰かをその研究機関の研究助手へ推薦して欲しいという依頼があったのである。幸い私がその条件にぴったりであった訳である。

マックギル大学で課せられていた義務は、ブンゲが行っていたその研究機関での二つの講義（「意味論」と「物理学の基礎」）の中の少なくとも一方に出席する事と、週一回ブンゲと議論をする事であった。私は両方の講義に出席し、それとは別に、週一回金曜日にブンゲと議論をした。私は、ブンゲの *Causality——The Place of the Causal Principle in Modern Science——* (Harvard University Press, 1959) という大著を翻訳していたので、週一回のブンゲとの議論には、専らこの本を取り上げた。しかし残念ながら、議論はかみ合わなかった。彼の哲学上の立場は実在論的であって、特に後期のウィトゲンシュタインには好意的ではなかったのである。彼が最も尊敬する哲学者は、哲学においても人間においてもバートランド・ラッセルであり、時々自らが主催するコロキュウムを「バートランド・ラッセル・コロキュウム」と名付けていた。私も一度そこで「日本の哲学」という題で話をさせられた。私は、苦し紛れに「西田哲学」の話をして、お茶を濁した。しかし今でも私に「日本の哲学」という題で何かまともな話が出来るとは思われない。ちなみに、件のブンゲの本の翻訳は、これも沢田先生の紹介で、すでに岩波書店から出版される事が決まっており、一九七二年に『因果性——因果原理の近代科学における位置——』として出版された。ブンゲは、人間的には、とてもチャーミングであった。

私は、モントリオールで随分いろいろな人に接する事が出来た。マックギル大学のイスラム研究所におられた井筒俊彦教授、哲学科のレイモンド・クリバンスキー教授などはなつかしい人である。特に井筒先生には、ブンゲの本の翻訳でいろいろお世話になった。ブンゲの本には、英語の本でありながら、ドイツ語・フランス語・イタリヤ語・ラテン語などの本からの引用が、原語のまま出てくるのである。そこで私はフランス語・イタリヤ語・ラテン語などが出てくると、井筒先生に教えて戴いた。井筒先生は、何回か自宅のマンションに私を呼んで下さり、奥様の手料理を御馳走して下されながら、教えて下さったのである。何とも贅沢な時間であったことよ、と思わずにはいられない。或るとき私は、世界中の何十か国もの言葉をこなすと言われる語学の天才井筒先生に、その言語勉強術を伺った事があった。そのとき先生は、或る言葉を勉強しようと思ったら、数週間は寝ても覚めてもその言葉だけを考えるのだ、というような事をおっしゃった。しかしこれは、非常な集中力がないと出来ない相談であろう。

私はマックギル大学で小さな研究室を与えられたが、隣の部屋に私と同じ身分のオーストリア生まれのフランツ・オパハーというのがいた。彼はウイーン大学で哲学のドクターをとり、主に意味論を研究していたが、幾分ヒッピーがかっていて、論文を書いては破り書いては破りして、一向にまとまらなかった。しかし私は、モントリオールでは、彼と一番多く話をした。私はよく彼のアパートに遊びにゆき、レコードをかけたり、クイズを出し合ったり、哲学の議論をしたりした。彼のレコードのコレクションには、電子音楽や具体音楽のほかに、尺八や謡曲までも入っており、私は、尺八の音色に日本を感じたり、電子音楽と謡曲に類似性を感じてびっくりしたりした。クイズに関しては、彼の奥さんの方が得意で、私は彼女に「クイズの女王」という敬称を奉っていた。あるとき私が、I am my grandfather という状態はありうるか、というクイズを出したら、ものの2分と経たないうちに解いてしまい、しかもその解は私が知っていた解とは別のものであった。フランツはまた抽象的な絵が好きで、彼の部屋にはいつも何かしら雑誌から切り取った抽象画がはってあった。そんな彼があるとき私に示したのが、エッシャーの本であった。それより少し前、私はニューヨークの近代美術館でアルバースの絵を見て、えらく感心したばかりであったが、エッシャーの本を見たときは、エッシャーの方がアルバースより一枚上かと思われた。しかしアルバースの名誉の為に一言付け加えれば、アルバースには「正方形礼讃」のような情感豊かな傑作があり、この点において彼はエッシャーとは全く異質である。

しかし、ウィトゲンシュタインとの関係でより興味深いのは、エッシャーよりはマグリットである。私がマグリットの存在を知ったのもモントリオールにおいてであった。しかし、それがどういう経緯であったかは、思い出せない。おそらく、やはりフランツ・オパハー経由であったのであろう。そして以後私の中で、マグリットとウィトゲンシュタインは不可分に結びついている。

私はこれまでの論文で、二回マグリットを取り上げた。一回目は「ウィトゲンシュタインとマグリット」（拙著『語り得ぬもの」に向かって』（勁草書房、一九九一）所収）においてであり、二回目は「ウィトゲンシュタインと建築──その内的関係について──」（『言語ゲーム一元論』（勁草書房、一九九七）所収）においてである。私は、前者では、かの有名な「これはパイプではない」と書き込まれた「パイプの絵」を取り上げ、後者では、雨傘の上に水の入ったコップが刺さっている「ヘーゲルの休日」という絵を取り上げた。今はここで、山高帽をかぶった紳士の顔の前に大きな青いリンゴが立ちはだかっている「大戦争」という絵を、取り上げてみよう。ウィトゲンシュタインは『青色本』でこう言っている。

哲学者は常に、科学の方法を己が眼の前に見ているのであり、そして、科学の行うやり方で問を立てて答えるという誘惑に、抗し難いのである。（二一九頁）

これに対する挿絵として、この「大戦争」という絵以上に適した絵はないであろう。その紳士には、青いリンゴが邪魔になって何も見えない。おそらくリンゴすら、あまりに顔に近いので、正しく識別出来ないのではないか。ここで、その「青いリンゴ」を「科学」で置き換えてみれば、さきにウィトゲンシュタインが言った事の最高の挿絵が得られるであろう。ちなみに、「青いリンゴ」を「科学」と解釈する、或いは逆に、「科学」を「青いリンゴ」と解釈することは、キリスト教を背景にすると、意味深長な事になるのではないか。確かに科学は、「青いリンゴ」ではないのか。

私は一九七一年の八月と九月をヨーロッパで過ごし、九月末に日本に帰ってきた。最後の二カ月は、学会出席その他を理由に、モントリオールを離れたのである。ブンゲ教授は、この計画を認めてくれた。実際、一九七一年の八月二九日から九月四日にかけて、ブンゲも出席し発表した第四回科学基礎論国際会議がルーマニアの首都ブカレストで開かれ、私は、大森荘蔵、武田弘道両先生の後ろについて、日本代表として出席したのである。この学会出席を別にすれば、私のヨーロッパでの目的は、ウィトゲンシュタイン関係の所を尋ね歩くという事であった。この言わば私の「ウィトゲンシュタイン紀行」については、拙著『言語ゲーム一元論』に詳しいので、ここでは述べない。

そして最後は、イスラエル・テヘラン・バンコックを経て、日本に着いた。イスラエルでは、キリスト教が生まれた土地が如何に荒涼としているかに眼を見張ったが、バンコックに着いて飛行機の外へ出たとたんに感じたものすごい高温多湿さに、今度は、日本も含めて、仏教国の気候というものについて、考えさせられた。

帰国してから数年後、私が所属していた成城大学文芸学部の教師仲間の間で、道元の『正法眼蔵』を読む研究会を作ろう、という話が持ち上がった。その主唱者は、久松真一に私淑し、「精神史特殊講義」などを担当していた今井富士雄先生であった。そして講師として、今井先生が懇意であった秋月龍珉老師が招かれた。研究会は、岩波書店刊行の「日本思想大系」に入っている寺田透・水野弥穂子校注の『道元』上下をテキストに、幾種類かの現代語訳を参考にして、行われた。そのスタイルは、我々の中の誰かが何らかの現代語訳を読み、秋月老師がご自身のノートを手元に置きながら、その現代語訳の誤りを厳しく批判し訂正しながら解説する、というものであった。寺田・水野の校注もその辛辣な批判を免れる事は出来なかった。このようにして読まれたものは、「現成公按」「仏性」「一顆明珠」「有時」「山水経」などであった。

もともと私は、高校時代には倉田百三を通じて法然と親鸞に接近していたが、禅宗にも関心があって、或る時、北鎌倉の「松ケ岡文庫」に鈴木大拙の講話を聞きに行ったりもした。その時の話しは、「趙州無字の公案」についてであった。

趙州、僧の「狗子に還た仏性有りや」と問うに因って、州云く、「無！」（『葛藤集』第四九則）

これが、「趙州無字の公案」と言われるものの冒頭部分である。或る僧が趙州禅師に問うた。「犬にも仏性（仏としての本性）がありますか」。禅師は答えて言われた。「無！」。問題は、この「無！」をどう理解するかである。大拙はそれは、有無の無、即ち有に対する無――相対的な無――ではなく、有無を超えた無――絶対的な無――である、と言って、大きく「むう！」と発音した。それは「む」ではなく「むう！」なのである。しかし勿論、こう言ったからといって、私にこの公案が解けた訳ではない。（秋月龍珉著『公案――実践的禅入門――』（筑摩書房、一九八七）の一二三を参照。）

この研究会から私は、ウィトゲンシュタインの哲学は――前期のそれも後期のそれも――禅と実によく響きあう、という事を知った。したがって自然と私は、ウィトゲンシュタインの哲学を通して禅を見、禅を通してウィトゲンシュタインの哲学を見るようになった。この方法論は、私に非常に大きな成果をもたらした。後に私は秋月老師に促されて、老師が主幹を務める雑誌『大乗禅』に「ウィトゲンシュタインと禅」という原稿を連載させて戴いたが、それはこの方法論の成果の一部である。そのとき私は、先ず神田の古本屋で『鈴木大拙全集』（岩波書店）全巻を買い込み、ウィトゲンシュタインの哲学を念頭に置きながらそれを通覧し、特にその内の数冊を精読して、ウィトゲンシュタインの哲学を通して大拙の「即非の論理」を理解しようとしたのである。この連載は、後に『ウィトゲンシュタインと禅』（哲学書房、一九八七）として出版された。この連載で私が道元を取り上げなかったのは、道元は未だ私の手に余っていたからである。

私は秋月老師から多くの事を教えられた。その中の一つは、老師が晩年の著作『誤解だらけの仏教』（柏樹社、一九九三）で説いたところの、仏教の教えは「無我」説であって「梵我一如」説ではない、という事である。実は私は、この両者の区別を自覚していなかった。前期のウィトゲンシュタインは、『論考』において「私は私の世界である」と言うが、これは内容においての事であり、形式的にはその「私」は、「私の世界」の限界に大きさのない点として退いているのである。しかしそれは、大きさのない点としてであろうとも、厳然として存在するのである。したがってこの思想は、「梵我一如」説ではないであろうか。我は、一面から見れば、世界の限界に点としてではあるが厳然として存在し、他面から見れば、その我はその世界そのものなのであるから。ところがウィトゲンシュタインは、後期においては「言語ゲーム論」という思想を展開し、前期においてのような存在としての我を否定する。彼は、我の問題を「私」という言葉の使用の問題に解消してゆくのである。日常的に完全に有意味に用いられる「私」という言葉は、固有名によっても、どこそこの誰といった記述によっても、更には、或る身体的な記述によっても、置き換える事が出来ない。それは、それ自体で固有の使用を有しているのである。という事は、「私」という言葉は何ものをも指示しない、という事である。

「私」という言葉は、それが使われる言語ゲームにおいて、いわばそれ自体として生きているのである。そして、これが事の全てなのである。したがって、私という存在は、存在としては完全に否定される。存在するのは、「私」という言葉を含んだ言語ゲームのみなのである。私は、この思想に仏教の「無我」説を見る事が出来ると思う。そうであるとすればウィトゲンシュタインは、前期においては「梵我一如」説であったが、後期においては「無我」説になったのだ、と言える事になる。実は「梵我一如」説は、仏教がそこから生まれたヒンドゥー教（もっと限定して言えば、バラモン教）の教えなのである。* したがってウィトゲンシュタインの哲学は、我の問題に関しては、ヒンドゥーイズムからブディズムになったのだ、と言える事になる。この見方は、ウィトゲンシュタインの哲学の展開を見る一つの見方として、有効であろう。

＊　シャンカラ著前田専学訳『ウパデーシャ・サーハスリー――真実の自己の探求――』（岩波文庫、一九八八）所収の訳者解説、特に二八七―二九一頁、を参照。

「私の哲学的回想」としては、なお書くべき事は多い。例えば私は、トゥールミン、ハンソン、クーン、そして、ファイヤーアーベント――科学哲学で「ニュー・ウエーブ」と言われた俊英の哲学者たち――に非常に多くの事を教わった。しかしこの点については、かつて私が拙著『科学と人間』（勁草書房、一九七七）の第Ⅲ部で行った議論に十分に示されているので、ここでは繰り返さない。それから、哲学的にはおそらくウィトゲンシュタインの最も近くにいたマルカムからも、私は多くの事を教わった。しかしこの事については、かつて拙著『言語ゲーム一言論』（勁草書房、一九九七）の「あとがき」で書いたので、これも繰り返さない。そして何よりも私は、ウィトゲンシュタイン自身から最も多くの事を教えられた。ウィトゲンシュタイン自身の文章を原文で丁寧にゆっくりと繰り返し読む事こそが、ウィトゲンシュタイン理解の王道であり、それが即ち哲学の王道なのである。

初出一覧

第一章　「序論――ウィトゲンシュタインと「独我論」――」は、ウィトゲンシュタイン著、黒崎宏訳・解説『『論考』『青色本』読解』（産業図書、二〇〇一）掲載の補遺「『青色本』をどう読むか――言語の先行性と独我論批判――」の一部を削除したものである。

第二章　「本論――『探求』における「独我論」批判――」は、二〇〇一年夏、朝日カルチャーセンター（新宿）で行われた公開講座「後期ウィトゲンシュタインの新しい哲学」の配布資料を訂正したものである。

第三章　「ウィトゲンシュタインの哲学観」は、雑誌「理想」（No.502、一九七五年三月）掲載の「ウィトゲンシュタインの哲学観」を大幅に書き換えたものである。但し、その内容の一部は、拙著『ウィトゲンシュタインと禅』（哲学書房、一九八七）のII「哲学とは知性解放の戦いである」と重なっている。

第四章　「大森荘蔵とウィトゲンシュタイン」は、「科学基礎論研究」（第四十三号、一九七四年三月）掲載の「ことだま論をめぐって」、雑誌「理想」（No.646、一九九〇年七月）掲載の「「立ち現われ」の一元論――大森哲学の現在――」、『大森荘蔵著作集』（岩波書店）月報2（一九九八年一〇月）掲載の「晩年の大森哲学」、および、雑誌「理想」

（No.608、一九八四年一月）掲載の「書評・大森荘蔵著『知識と学問の構造――知の構築とその呪縛――』」を基にして、書かれている。

第五章　「オグデン・リチャーズとウィトゲンシュタイン」は、浅沼圭司・谷内田浩正編『思考の最前線』（水声社、一九九七）掲載の「意味――オグデン・リチャーズとウィトゲンシュタイン――」に加筆したものである。

第六章　「私の哲学的回想」は、雑誌「成城教育」（第一〇四号、一九九九年六月）掲載の「旧制成城高校の思い出」に大幅に加筆したものである。

索　引

（但し、ウィトゲンシュタインは多出のために除く。）

ア　行

カ　行

サ　行

タ 行

ナ　行

ハ　行

マ　行

ヤ　行

ラ　行

ワ　行

著者略歴

1928年　東京に生まれる
1966年　東京大学大学院博士課程（哲学）修了
現　在　成城大学名誉教授
著　書　『科学と人間』（勁草書房）
『ウィトゲンシュタインの生涯と哲学』（勁草書房）
『科学の誘惑に抗して』（勁草書房）
『「語り得ぬもの」に向かって』（勁草書房）
『言語ゲーム一元論』（勁草書房）
『ウィトゲンシュタインが見た世界』（新曜社）
訳　書　ウィトゲンシュタイン『「哲学的探求」読解』（産業図書）
ウィトゲンシュタイン『「論考」「青色本」読解』（産業図書）

ウィトゲンシュタインと「独我論」

2002年4月10日　第1版第1刷発行
2002年6月20日　第1版第2刷発行

著　者　黒《くろ》崎《さき》　宏《ひろし》
発行者　井村寿人

発行所　株式会社　勁《けい》草《そう》書房

112-0005　東京都文京区水道2-1-1　振替　00150-2-175253
電話（編集）03-3815-5277／FAX 03-3814-6968
電話（営業）03-3814-6861／FAX 03-3814-6854
港北出版印刷・青木製本

ISBN4-326-15361-X　Printed in Japan

黒崎　宏	言語ゲーム一元論　後期ウィトゲンシュタインの帰結	四六判	二四〇〇円
黒崎　宏	科学の誘惑に抗して　ウィトゲンシュタイン的アプローチ	四六判	二〇〇〇円
植村恒一郎	時間の本性	四六判	二七〇〇円
一ノ瀬正樹	原因と結果の迷宮	四六判	三二〇〇円
伊藤笏康	人間に何が分かるか　知識の哲学	四六判	三三〇〇円
奥　雅博	ウィトゲンシュタインと奥雅博の三十五年	四六判	二八〇〇円
香川知晶	生命倫理の成立　人体実験・臓器移植・治療停止	四六判	二八〇〇円
信原幸弘	心の現代哲学	四六判	二七〇〇円
ティム・クレイン	心は機械で作れるか	土屋賢二監訳	四一〇〇円
T・J・ロンバート	ギブソンの生態学的心理学　その哲学的・科学史的背景	古崎敬他監修	七〇〇〇円
野本・飯田編	フレーゲ著作集5　数学論集	A5判	五二〇〇円

＊表示価格は二〇〇二年六月現在。消費税は含まれておりません。